Albert Daiber

Vom Mars zur Erde

Eine Erzählung für die reifere Jugend

D1719220

Literaricon

Albert Daiber

Vom Mars zur Erde

Eine Erzählung für die reifere Jugend

ISBN/EAN: 9783956976872

Auflage: 1

Erscheinungsjahr: 2017

Erscheinungsort: Treuchtlingen, Deutschland

Literaricon Verlag UG (haftungsgeschränkt), Uhlbergstr. 18, 91757
Treuchtlingen. Geschäftsführer: Günther Reiter-Werdin, www.literaricon.de.
Dieser Titel ist ein Nachdruck eines historischen Buches. Es musste auf alte
Vorlagen zurückgegriffen werden; hieraus zwangsläufig resultierende
Qualitätsverluste bitten wir zu entschuldigen.

Printed in Germany

Cover: Foto
http://www.nasa.gov/multimedia/imagegallery/image_feature_1347.html

Vom Mars zur Erde

:◻◻◻:

Eine Erzählung für die reifere Jugend

von

Dr. Albert Daiber

Verfasser von: „Die Weltensegler. Drei Jahre auf dem Mars"

~~~~~~

Mit sechs Vollbildern von Fritz Bergen

Stuttgart

Verlag von Levy & Müller

Nachdruck verboten.

Alle Rechte, insbesondere das Übersetzungsrecht, vorbehalten.

————————

Druck: Chr. Verlagshaus, Stuttgart.

Erstes Kapitel

Der Erdensohn auf dem Mars.

Phobos und Deimos, die beiden Marsmonde, hingen leuchten=
den Kugeln gleich am nächtlichen Firmamente, der eine
aufgehend, der andere bereits zum Untergange geneigt. Die stern=
klare Nacht war von märchenhafter Pracht und Schönheit.
Tiefer Friede lag über den weiten Marslanden, die ein ein=
samer Erdensohn gedankenvoll durchwanderte. Wie war er hierher
gekommen? Augenblicklich mochten es gegen zweihundert Millio=
nen Kilometer sein, die ihn von seiner Mutter Erde, von seiner
deutschen Heimat, von den Freunden in Tübingen, der Stätte seines
einstigen akademischen Wirkungskreises im lieben Schwabenlande,
trennten. Wie war er hierher gekommen nach dem fernen Bruder=
planeten seiner irdischen Mutter? Fast wie ein Märchen dünkte
ihn jetzt in der Erinnerung die vor drei Jahren von sieben
Tübinger Gelehrten unternommene kühne Forschungsreise durch
den Ätherraum, die Qualen des monatelangen Aufenthaltes in
der engen, fest geschlossenen Gondel ihres kunstvoll gebauten
Luftschiffes, die Gefahren, die die tollkühne Reise im Gefolge
gehabt, die Erreichung des Zieles im letzten kritischen Augenblick...

Der Erdensohn, Fridolin Frommherz, der ehemalige Pro=
fessor der Theologie und Moralphilosophie an der Universität
Tübingen, strich sich mit der Hand über die gedankenschwere
Stirn. War das alles vielleicht nur ein toller Traum, der ihn
neckte? Aber nein, da standen strahlend die beiden Monde, die
ihrer Nähe wegen so viel größer erschienen und in Wirklichkeit
doch so viel kleiner waren als der Trabant der Erde. Viel
hundertmal hatte er schon ihre wunderbare Schönheit staunend
betrachtet und sich doch nicht satt daran gesehen. Und dort jener
besonders helle, rötlich strahlende Stern — das war die Erde,
die ferne Heimat. Fridolin Frommherz nickte dem Sterne zu.

„Ich grüße dich, Mutter Erde! Ich grüße euch, ihr heim=
gekehrten Freunde! Ob ihr wohl euer Ziel glücklich erreicht
habt? Nie werde ich es erfahren. Hätte ich mich doch nicht
von euch trennen sollen? Siegfried Stiller, du bester der Freunde,
du wolltest es nicht, aber ich konnte ja nicht anders! Nein,
wirklich, ich konnte es nicht verlassen, dieses Paradies, in das
wir den Weg gefunden! Dachte ich zurück an all das Erden=
elend, die Lüge, den Eigennutz, den rohen Kampf ums Dasein,
— mir graute vor einer Rückkehr in so barbarische Verhältnisse,
nachdem ich eine Kultur kennen gelernt, deren Höhe ich früher
kaum geahnt hatte. Nein, hier soll meine Heimat sein, hier auf
dem Lichtentsprossenen, wie die Marsbewohner ihren Planeten
so schön nennen! Im Lichte will ich leben, nicht im Erdendunkel!"

Fridolin Frommherz hatte während seines Selbstgespräches
nicht bemerkt, daß sich ihm ein Greis in langem Silberhaar ge=
naht. Da legte sich eine Hand auf seine Schulter, und eine
Stimme voll tiefen Wohllautes fragte: „Nun, mein Freund,
schon wieder im Selbstgespräch auf einsamer nächtlicher Wande=
rung? Quält dich das Heimweh nach der Erde?"

„Nein, nein!" beeilte sich der Erdensohn haftig zu versichern. „Hier will ich leben, im Lande meiner Wahl! Hier, würdiger Eran, ist das Paradies!"

„Nun," meinte der Alte mit feinem Lächeln, „etwas scheint dir doch im Paradiese zu fehlen. Woher sonst dieses ruhelose Wandern, dieses auffallende Meiden deiner neuen Brüder? Wie gern weiltest du früher, als deine Erdenfreunde noch auf unserm Lichtentsprossenen wandelten, in meinem Hause! Jetzt treibt dich etwas hinaus, das dir auch draußen keine Ruhe läßt. Willst du mir nicht anvertrauen, was dich quält?"

Während dieses Gespräches waren sie langsam weiter= geschritten, die beiden eigenartigen Gestalten, der hochgewachsene Greis im silberweißen Haar, mit dem edel geformten Antlitz, und der kaum halb so alte Erdensohn mit den weichen Zügen. Unter seinen Landsleuten hatte er für groß gegolten, seinem Gastfreunde aber reichte er kaum bis an die Schulter. Beide trugen das lange, weiße Faltengewand der Marsiten. Lang= samen Schrittes näherten sie sich Lumata, der Stadt, der Eran als Ältester vorstand.

Fridolin Frommherz schwieg eine Weile. Endlich sagte er beklommen: „Du selbst, würdiger Eran, gabst mir einst zu ver= stehen, daß du mein Hierbleiben nicht billigtest. Aus den Blicken deiner Genossen las ich dasselbe Urteil. ‚Ein jeder gehört an den Platz, an dem er etwas zu leisten vermag,' sagt ihr. ‚Man lebt nicht sich allein, sondern auch der Gesamtheit.' Ihr münztet diese Worte auf mich und die Erde und fandet es unrecht, daß ich meine Freunde allein ziehen ließ. Ich aber hatte nur den einen Wunsch, bei euch zu bleiben. Ich möchte ein nützliches Glied eurer Marsgemeinde werden. Wenn mir nur jemand dazu helfen wollte!"

„Gewiß hast du recht: es ist zielbewußte, nutzbringende Arbeit, die dir fehlt," erwiderte der Greis. „Aber hast du uns denn bisher darum angegangen?"

„Nein, das nicht! Aber du versprachst mir, nach Angola, an den Hauptsitz eures Stammes der Weisen, über mein Hier-bleiben zu berichten. Von dort aus hoffte ich mein künftiges Leben geregelt zu sehen. Monate sind darüber verflossen. Noch weiß ich nicht einmal, ob der hohe Rat den Fremdling in euern Gefilden dulden wird, und quälend lasten die Ungewißheit und dieses tatenlose Dasein auf meiner Seele."

„Die Antwort aus Angola ist eingetroffen. Um dir dies mitzuteilen, habe ich dich aufgesucht."

Mit einem Ruck blieb Fridolin Frommherz stehen. Lebhaft wandte er sich dem Greise zu, als er fragte: „Und wie lautet diese Antwort?"

„Du möchtest nach Angola kommen."

Enttäuscht sah der Erdensohn vor sich hin. „Ist das alles? Braucht man fünf volle Monate Zeit, um eine so kleine Bot-schaft zu senden?" wollte er sagen, aber er besann sich eines Bessern und schwieg. Wenn die ernsten, ehrwürdigen Greise, die dem Stamme der Weisen angehörten und den Rat der Alten, die oberste Behörde des Marsvolkes, bildeten, wenn diese etwas taten, so war es wohl erwogen und tief begründet. Ihm ziemte kein Mäkeln. Zu deutlich aber malte sich die Enttäuschung in seinen Zügen.

„Wir werden schon morgen früh reisen," sagte Eran freundlich.

„Du begleitest mich?" fragte Fridolin Frommherz voll Freude.

„Ja, mein Freund. Du weißt, daß ich selbst im Rate der

Alten sitze. Nun aber komm und pflege noch ein paar Stunden der Ruhe. Sieh, wir haben bereits Lumata wieder erreicht."

In der Tat tauchten die ersten weißschimmernden Häuser der Stadt vor den nächtlichen Wanderern auf. Sie standen nicht aneinander gereiht, sondern vereinzelt inmitten wohlgepfleg= ter Gärten, umgeben von Beeten mit duftenden Blumen und Bäumen mit myrten= und lorbeerähnlichen Blättern. Süßer Wohlgeruch erfüllte die Luft. Die Häuser waren meist einstöckig und hatten flache Dächer.

„Gute Nacht, Freund Fridolin!" sagte Eran, als sie dessen Behausung erreicht hatten und die breiten Marmorstufen zur säulengetragenen Vorhalle emporstiegen. „Ich werde dich morgen beizeiten rufen lassen. Unser Weg ist weit."

„Gute Nacht, Eran! Hab' Dank!"

Sie trennten sich beim Eintritt ins Haus, doch lange noch lag der Erdensohn wach auf seinem bequemen Lager. Er wurde das quälende Unbehagen, das ihn in den letzten Wochen und Monaten verfolgt hatte, auch jetzt nicht los. Immer wieder stand ihm die irdische Heimat vor Augen und die Zeit, da er hierher gekommen war. Ihrer sieben waren sie gewesen, lauter gelehrte Professoren der Tübinger Universität. ,Die sieben Schwaben' hatten sie sich oft im Scherze genannt. Ein Schwabe war der Erfinder ihres Luftschiffes gewesen, ein Schwabe hatte das neue, leichte Gas zur Ballonfüllung entdeckt, wodurch erst eine Reise außerhalb der Erdatmosphäre ermöglicht wurde. Schwaben waren als die Ersten mit dem merkwürdigen Luftschiffe auf= gestiegen, hatten als die ersten Erdgeborenen den weiten Äther= raum durchfurcht und waren nach unendlicher Mühsal auf dem Mars gelandet. Sieben waren gekommen und hatten zwei Jahre im Marsparadiese gelebt, aber nur sechs hatten, vom Pflicht=

gefühl getrieben, die Heimreise angetreten, einer hatte den
Drückeberger gespielt, und dieser Eine war er, war Fridolin
Frommherz.

Mit heißem Kopfe wälzte er sich auf seinem Lager umher.
Da war er wieder an demselben Punkte der Erinnerungen wie
alle Abende! Hatte er denn wirklich unrecht getan? War es
denn nicht verständlich, daß er solchen paradiesischen Zuständen,
wie er sie auf dem Mars, dem Lichtentsprossenen, gefunden, die
Heimat und die Erde geopfert hatte? Warum nagte denn ständig
etwas an seinem Herzen?

Damals, als der Ballon seine sechs kühnen Gefährten ent-
führte, war Eran mit den Bewohnern Lumatas zugegen gewesen. Voll Hochachtung hatten sie den scheidenden Erdensöhnen
und lieb gewordenen Freunden die Hand zum Abschied gedrückt.
Er, Fridolin Frommherz, hatte sich verborgen gehalten, aus
Furcht, wider seinen Willen zur Mitreise genötigt zu werden.
Erst als die Taue gekappt waren und das Luftschiff bereits
wieder in seinem Elemente schwebte, war er herbeigeeilt, um den
Freunden ein letztes Lebewohl zuzuwinken. War das recht
gewesen? Die Röte der Scham, die ihm bei diesem Gedanken ins Gesicht stieg, war Antwort genug auf seine Ge-
wissensfrage.

Wieder versuchte er, der lästigen Gedanken Herr zu werden
und zu schlafen, aber es wollte ihm immer noch nicht gelingen.
Jetzt sah er Eran vor sich, wie er mit seinen Genossen heim-
kehrte, sah sich selbst den Heimkehrenden in respektvoller Entfernung folgen, hoffte auf die Einladung, sich ihnen anzuschließen,
und vernahm doch kein Wort weder der Ermunterung noch des
Tadels. Wie peinlich war die Lage für ihn gewesen! Da war
auch die Erkenntnis in ihm emporgedämmert, daß seine Stellung

als einzelner Erdensohn zu den Marsiten eine Änderung er=
fahren müsse, daß es nicht bleiben könne, wie es früher gewesen
war, als noch seine Gefährten hier oben wandelten. Aber welcher
Art würde die Veränderung sein? Anfangs hatte er sich keine
Antwort darauf zu geben vermocht. Bald waren ihm die Marsiten
wieder freundlich und herzlich entgegengetreten. Aber in den
fünf Monaten, die zwischen damals und heute lagen, war ihm
doch allmählich der Unterschied gegen früher klar geworden: es
war nicht mehr dieselbe Achtung, die man ihm bezeigte. Das
nagte wie ein Wurm an seiner Seele und vergällte ihm jeden
Genuß trotz der Freundlichkeit und Güte, womit ihn Eran und
die Bewohner Lumatas behandelten. Es litt ihn nie mehr lange
im Hause. Planlos rannte er bald dahin, bald dorthin. Seine
täglichen Ausflüge dehnte er immer weiter aus und ging den
Marsiten so viel wie möglich aus dem Wege, obgleich er merkte,
wie diese, aufrichtig betrübt über seine seelische Verstimmung,
die Köpfe schüttelten. Nach einer Nachricht aus Angola hatte
er sich gesehnt, nach einer Regelung seines Daseins, nach Be=
schäftigung. War doch die einzige Arbeit, die er noch verrichtete,
die Weiterführung der Zeitrechnung nach irdischem Maßstabe.
Mars brauchte zu seiner Achsenumdrehung vierzig Minuten mehr
als die Erde. Sein Tag war also etwas länger, noch länger
das Jahr, das mit seinen 687 Erdentagen nahezu zwei Erden=
jahren gleich kam. Aber er verrichtete diese Arbeit ganz mechanisch
nach einem Schema, das seine Freunde einst benützt hatten, und
seine Langweile wurde dadurch in keiner Weise vermindert.

Nun war also endlich die Botschaft aus Angola da! Was
wohl marsitische Weisheit über den Erdensohn beschlossen hatte?

Noch lange wälzte sich Frommherz auf seinem Lager.
Gegen Morgen endlich fand er ein paar Stunden unruhigen

Schlummers, von wirren Träumen durchsetzt, die ihn bald auf dem Mars, bald auf der Erde, bald im pfeilschnell durch den Äther schießenden Luftschiff zwischen Himmel und Erde die krausesten Dinge erleben ließen.

Zweites Kapitel.

Die Sühne.

Bald nach Sonnenaufgang sandte Eran seinem Gaste Bot-schaft, sich zur Abfahrt bereit zu halten. Nach einem er-quickenden Bade fühlte sich Fridolin Frommherz neu belebt. Er frühstückte eilig. Vor dem Hause stand ein bequemer Wagen, der Eran und seinen Gast nach der Hauptstadt bringen sollte.

Gewöhnlich benützten die Marsiten ihre Kanäle, die breiten Wasserstraßen, die den ganzen Planeten durchzogen, als Ver-kehrswege. Sehr schnelle, durch Elektrizität getriebene Schiffe verkehrten zwischen den einzelnen Orten. Fridolin Frommherz hatte schon manche kleinere und größere Wasserfahrt unter-nommen. Auch der Luftschiffverkehr war stark entwickelt. Dies-mal hatte Eran einen Motorwagen gewählt, der ihn mit dem Erdensohne möglichst rasch durch die blühende Landschaft nach ihrem Ziele führen sollte. Die beiden Tagereisen konnten dadurch um eine verringert werden. Sachte glitt der Wagen dahin. Kaum merkbar war die Erschütterung. Fridolin Frommherz konnte diese Art Motorwagen nicht genug im Vergleich mit denjenigen auf Erden rühmen. Wie leicht sie gingen! Kaum wurde etwas Staub aufgewirbelt, keine Spur üblen Geruches. Der Greis lächelte über seines Gastes Begeisterung.

„Ihr scheint auf Erden in allen Dingen merkwürdig weit zurück zu sein. Von Benzinmotoren mit ihren vielen Übelständen wissen wir nichts. Wir haben uns die elektrische Kraft in jeder Form zu nutze gemacht. Wie viele Schätze laßt ihr brach liegen oder vergeudet sie auf die törichtste Weise! Wir sind sparsam geworden, und nichts darf in unserem großen Haushalte ver= loren gehen. Vergeuder seid ihr, weil eure Natur reicher ist als die unsrige. Aber auch ihre Fülle nimmt merklich ab. Wir beobachten das schon seit Jahrhunderten durch unsere Fernrohre. Hätten wir solche kolossale Schätze an aufgespeicherter Energie, wie ihr sie in euern Meeren, in Ebbe und Flut besitzt, wahrlich, unsere technischen Leistungen, die du so sehr bewunderst, wären noch weit bedeutender. Da gäbe es wohl wenig Dinge, die uns unmöglich wären."

Mit Entzücken schaute der Erdensohn während der Fahrt immer wieder auf die gartenähnliche Landschaft. Da war überall die sorgsamste Bewässerung durch kleine und kleinste Kanäle. Da war kein Fuß breit Landes unangepflanzt. In üppigem Grün versteckt lagen alle Häuser. Glatt und eben waren die Straßen und aufs beste unterhalten. Fridolin Frommherz brach oft in laute Bewunderung aus.

„Ja," sagte Eran, „du bewunderst mit Recht. Unsere Männer und Frauen aus dem Stamme der Sorgenden haben da Herrliches geschaffen."

„Sag, Eran, gibt es denn bei euch gar keine faulen Leute?" fragte der Erdensohn plötzlich den neben ihm sitzenden, gedanken= voll vor sich hinblickenden Greis.

Dieser lächelte fein, als er erwiderte: „Gewiß ist auch bei uns mancher von Natur träge, aber unsere ganzen Einrichtungen, die alle im Wohle der Gesamtheit gipfeln, lassen die niedern

Triebe des Einzelnen nicht voll zur Entfaltung kommen. Schon
das Kind wächst in dem Bewußtsein auf, daß es dem großen
Ganzen zu dienen hat, daß das Wohl des Einzelnen durch das
Wohl der Gesamtheit bedingt wird."

„Wird nicht dadurch die volle Entfaltung der Persönlich=
keit verhindert, eine gewisse Gleichförmigkeit erzielt?"

„Freund Fridolin, du lebtest nach deiner eigenen Zeitrech=
nung zwei Jahre mit deinen Gefährten, nahezu ein halbes Jahr
allein unter uns. Du kennst uns jetzt zur Genüge. Hast du
gefunden, daß wir Schablonenmenschen geworden sind?"

„Nein, wahrlich nicht, würdiger Eran! Nehme ich dich
zum Beispiel, so finde ich bei dir die volle Individualität der
Persönlichkeit gewahrt. Doch steht bei euch die Masse auf einer
Höhe der Gesinnung, die unten auf der Erde erst einige wenige,
besonders Vorgeschrittene vertreten."

„Siehst du, Freund Fridolin, das kommt daher, daß bei
uns keiner in einen Beruf gepreßt wird, der nicht zu seinen
natürlichen Anlagen paßt. Frei für jedermann ist die Schulung,
die elementare wie die höhere, die wissenschaftliche, technische,
künstlerische. Der Befähigungsnachweis ist das einzige, dessen
es bei uns bedarf. Alle Stämme, somit auch alle Berufsarten
werden einander gleich geachtet, ob du ein Ackerbauer oder
Dienender aus dem Stamme der Sorgenden, ob du ein Ge=
lehrter aus dem Stamme der Ernsten, ein Dichter, Maler oder
Komponist aus dem Stamme der Heitern, ein Musiker oder
Schauspieler aus dem Stamme der Frohmütigen, ein Handels=
mann aus dem Stamme der Flinken oder ein Industrieller aus
dem Stamme der Findigen bist, das alles gilt uns gleich, voraus=
gesetzt daß du deinen selbstgewählten Beruf richtig ausfüllst.
Nicht was du bist, sondern wie du es bist, bestimmt deinen Wert."

„Und wenn sich einer in der Berufswahl geirrt hat? Solches wird doch auch bei euch zuweilen vorkommen."

„Gewiß. Irrtum ist bei keinem Strebenden ausgeschlossen. Aber ein jeder hat das Recht, solchen Irrtum wieder gut zu machen und auf Grund einer abgelegten Prüfung in einen andern Stamm überzutreten, denn alle stehen sie in gleichen Ehren. Über ihnen steht nur der Stamm der Weisen, in den die Ältesten und Besten, ausgezeichnete Männer und Frauen aus allen Stämmen, gewählt werden. Sie sind die Hüter des Gesetzes."

„Welche Höhe der Kultur ist hier auf dem Lichtentsprossenen Gemeingut der Masse, und wie erbärmlich sieht es dagegen noch unten auf der Erde aus!" seufzte Fridolin Frommherz.

„Und doch gibt es auch bei euch Menschen von ganz hervorragender Bildung und edelster Gesinnung," erwiderte Eran. „Denke nur an deinen ausgezeichneten Freund Stiller, den Führer eurer kühnen Forschungsfahrt!"

Bei Nennung von seines Freundes Namen wurde dem Erdensohne plötzlich wieder recht beklommen zumute. Seine Schuld stand ihm wieder vor Augen, und er erinnerte sich wieder an Zweck und Ziel seiner jetzigen Fahrt durch die blühende Marslandschaft. Wieder beschlich ihn das alte Unbehagen, und er wurde schweigsam. Endlich, nach langer, gedankenvoller Pause fragte er schüchtern: „Würdiger Eran, weißt du nicht, was man in Angola mit mir vorhat?"

„Nun," erwiderte dieser, „man wird dir wohl eine Art Sühne auferlegen dafür, daß du ohne Einverständnis mit deinen Freunden hier zurückgeblieben bist."

Fridolins Unbehagen wuchs. „Also eine Strafe?" fragte er beklommen.

„Wenn du es so nennen willst," erwiderte der Greis mit feinem Lächeln.

„Als freier Mann konnte ich aber doch tun oder lassen, was ich wollte," meinte Frommherz etwas unsicher.

„Du bist augenblicklich selbst nicht von dem überzeugt, was du da sagst. Es gibt auch moralische Verpflichtungen, die sich nicht in vorgeschriebene Verordnungen fassen lassen. Zudem tadeln wir nicht dein Hierbleiben an sich, sondern die Art und Weise, wie du es deinen Gefährten gegenüber durchgesetzt hast."

Der Erdensohn schwieg betreten und starrte vor sich hin.

Nach einer kleinen Pause fuhr Eran fort: „Doch beruhige dich, mein Freund! Ich kann dir schon jetzt die Art deiner sogenannten Strafe offenbaren, war ich es doch, der sie bei Anan, unserm Ältesten, in Vorschlag brachte. Und daß er meinen Vor= schlag annehmen wird, kann ich mit ziemlicher Sicherheit erwarten."

„So sage mir, bitte, worin meine Strafe bestehen soll."

„In einer wissenschaftlichen Arbeit," antwortete Eran lächelnd.

„Weiter nichts?"

„Nein, mein Freund, weiter nichts, falls du die Herstellung eines Wörterbuches deiner Sprache nicht als Strafe betrachtest."

„Nein, gewiß nicht!" erwiderte der Erdensohn, wieder ein= mal fröhlich lachend und plötzlich von allem Druck befreit. „Aller= dings verstehe ich von der Herstellung eines Wörterbuches, ehr= lich gesagt, nicht allzu viel, aber ich denke, daß sich die Arbeit bei gutem Willen schon ausführen lassen dürfte. Aber wozu braucht denn ihr hier oben auf dem Lichtentsprossenen ein Wörter= buch der deutschen Sprache?"

„Um die Bücher eurer ersten Denker und Dichter, die deine Brüder uns als Geschenke zurückgelassen haben, im Urtexte lesen zu können."

„Ein famoſer Gedanke, fürwahr!" lobte Frommherz. „Nun
habe ich doch wieder ein Ziel vor Augen und — ernſte Arbeit.
Dafür danke ich dir von Herzen, würdiger Eran. Es iſt ein
neuer Beweis deiner Güte."

Bei dieſen Worten ergriff er die Hand des neben ihm
ſitzenden Greiſes und drückte ſie herzlich.

„Laß gut ſein, lieber Fridolin!" wehrte Eran ab.

Sie fuhren eben in die weite, grüne Halle eines herrlichen,
ſorgſam gepflegten Baumbeſtandes ein. Wahre Rieſen waren
es, die da, himmelanſtrebend, mit breiten Äſten und dichtem
Gezweig Schatten ſpendeten. Erquickende Kühle umfing die
Reiſenden. Es ging gegen Mittag, und zwiſchen den Feldern
und Wieſen war es ihnen warm geworden. Die dünne Atmo=
ſphäre des Lichtentſproſſenen geſtattete der Sonne, dem „ewigen
Lichte", wie die Marſiten die Lebensſpenderin benannten, trotz
der im Vergleich zur Erde größeren Entfernung eine äußerſt
intenſive Beſtrahlung. Zwar ſchien die Sonne, vom Licht=
entſproſſenen aus betrachtet, eben dieſer größeren Entfernung
wegen — ſie beträgt im Mittel rund neunundſiebzig Millionen
Kilometer mehr als von der Erde aus — bedeutend kleiner;
doch gab es da weder Dunſt noch Wolken, die den tief dunkel=
blauen Himmel verhüllten, und der Boden abſorbierte infolge=
deſſen eine bedeutend größere Wärmemenge... Unter dem
grünen Blätterdache der Baumrieſen aber fühlte ſich Fridolin
Frommherz ſehr wohl.

„Wie hoch dieſe Bäume ſind," ſagte er bewundernd zu
ſeinem Begleiter. „So vieles iſt groß und wunderbar auf
eurem ſchönen Kinde des Lichts! Wirklich, mir ſcheint, als hätte
ich niemals auf Erden ſolche Baumrieſen geſehen, wenigſtens
nicht beiſammen, nicht als Waldbeſtand."

„Das mag wohl sein," erwiderte Eran; „es scheint mir
sogar in den ewigen Naturgesetzen begründet. Kenne ich auch
eure irdische Vegetation nicht aus eigener Anschauung, so habe
ich sie mir doch bei aller Ähnlichkeit mit der unseren stets etwas
niedriger vorgestellt als diese."

„Warum?" fragte der Schwabe erstaunt. „Sind doch die
chemischen Grundstoffe, aus denen sich die organischen Verbin=
dungen aufbauen, bei euch dieselben wie bei uns! Und Luft und
Wasser, Licht und Wärme, wirken sie nicht auf dieselbe Weise
hier wie dort?"

„Du vergißt Eines, lieber Freund," sagte der Marsite.
„Die Schwere ist der Punkt, in dem zwischen unserm Kinde
des Lichts und dem euern der größte Unterschied besteht, und
ich meine, je größer ein Weltkörper ist, desto drückender müsse
auch die Schwere auf seinen Erzeugnissen lasten, desto kleiner
müßten infolgedessen seine Produkte sein. Stelle dir, mein
Freund, einen bewohnbaren Weltkörper von der Größe unseres
ewigen Lichtes, unserer Sonne, vor. Denke dir lebende Wesen
auf ihm, die seiner Größe entsprechen. Wie müßte die Schwere
ihres Gestirns auf ihnen lasten! Sie würden sich unter dem
furchtbaren Drucke nicht aufzurichten vermögen; es müßten
kriechende Wesen bleiben. Und von den Bäumen, deren Größe
einem solchen Weltkörper entsprechend wäre, würden sich die Äste
nicht auszubreiten vermögen; sie würden flach am Stamme nieder=
hängen oder gar infolge der auf ihnen lastenden ungeheuren
Schwere von selbst abbrechen, wenn überhaupt ein Wachstum
in bedeutendere Höhen möglich wäre."

„Und weil eure Schwere geringer ist als die unsere," fügte
der Erdensohn bei, „seid ihr auch größere, stattlichere Gestalten
als wir. Ich habe daheim unter meinen Landsleuten wie unter

meinen Amtsgenoffen für groß gegolten; du, überhaupt die
meiften eurer Männer, ihr überragt mich um Kopfeslänge. —
Doch was ift denn dort?" fragte Fridolin Frommherz, fich
unterbrechend und auf eine lebhaft bewegte Gruppe zeigend, die
in kurzer Entfernung auftauchte.

„Das," erwiderte Eran, „ift eine Schule. Siehft du nicht
dort inmitten der Knaben den unterrichtenden Lehrer?"

„Eine Schule?" rief der Erdenfohn erftaunt. „Sehen bei
euch die Schulen fo aus? Was macht denn der Lehrer hier
im Walde?"

„Er lehrt die Schüler kennen, was fie fehen, alles, Pflanzen
und Tiere, den Boden und die Gefteine, woraus er zufammen=
gefetzt ift, was fich in ihm entwickelt, was auf ihm vorgeht,
Natur und Menfchenwerk."

„Das ift viel," fagte Fridolin.

„Ja, es ift viel," erwiderte Eran. „Ich kenne Alan per=
fönlich. Er ift einer unferer tüchtigften Jugenderzieher, doch
weit von hier, nahe der Grenze unferes Nordpolargebietes
ftationiert. Dort ift infolge des ungünftigeren Klimas die Boden=
produktion eine andere, eine fpärlichere als hier, wo wir uns
etwa auf dem fünfzehnten Breitengrade befinden. Deshalb führt
Alan feine Zöglinge zuweilen in unfere Gegend."

Der jetzt ganz langfam dahinrollende Wagen war nun dicht
zu der Gruppe herangekommen und hielt. Eran begrüßte den
Lehrer mit der den Marfiten eigenen wohltuenden Herzlichkeit.

„Ich freue mich, dir hier zu begegnen," fagte er, Alan die
Hand reichend. „Gedeiht dein Werk?"

„Ich bin fo glücklich, vieles reifen zu fehen," fagte der An=
geredete, feine fchönen, warmen Augen auf den Greis richtend.
„Doch bleibt noch vieles zu tun."

„Wohl dir, daß du noch mitten im Schaffen stehst!"

„Ja, die Arbeit macht froh!"

„Leb' wohl, Alan! Werde ich dich bald einmal in Lumata sehen?"

„Zur Zeit der Ruhe hoffe ich auch bei dir einkehren zu können, würdiger Eran!"

„Das wird mir Freude sein, junger Freund!"

Weiter rollte der Wagen.

„Was für schöne Augen dieser Mann hatte!" sagte der Erdensohn bewundernd.

„Sein Denken und Fühlen spiegelt sich in ihnen," erwiderte der Greis. „Er gehört zu unsern Besten. Seine ganze Persönlichkeit setzt er an sein Werk. Da wird keine Weisheit eingepaukt. Die Kinder lernen sehen und das Gesehene verknüpfen. Sie sind es, die den Lehrer über Unverstandenes fragen, und dieser leitet sie an, die Antwort selbst zu finden."

„Ich wollte, ich wäre auch in dieser Art unterrichtet worden!" meinte der Schwabe.

Während der Fahrt stärkten sich die Reisenden durch Speise und Trank. Der bequeme Reisewagen enthielt alles, was sie sich wünschen konnten. Durch eine sinnreiche Klappvorrichtung stand sogar auf einen Druck mit der Hand ein zierliches Tischchen vor ihnen, in dessen Schublade kleine Teller und Bestecke verborgen lagen. Zwei mit Leder ausgeschlagene Kasten in der Vorderwand des Wagens enthielten in verschiedenen, eigentümlich geformten Gefäßen Speisen und Getränke genau in der Temperatur, in der sie dem Wagen übergeben worden waren. Man aß vorzügliche warme Gerichte; man labte sich an kühlen Getränken genau so wie zu Hause. Sogar Salat gab es, zu dem Eier gegessen wurden. Die Eier waren weich gesotten,

obgleich sie wohl eine halbe Stunde lang in kochendem Wasser
gelegen hatten. Da auf dem Lichtentsprossenen das Wasser in=
folge des niedrigeren Luftdruckes schon bei 60⁰ siedet, können
die Eier nicht hart werden. Daran war der Schwabe nun schon
lange gewöhnt. Auch eine Waschvorrichtung war an der einen
Seite des Wagens angebracht. Es fehlte wirklich gar nichts,
was das Reisen angenehm und bequem machen konnte.

Nach Verlassen des Waldes sah Fridolin Frommherz zum
erstenmal während der ganzen Fahrt unbebautes Land vor sich.
Eine weite Fläche breitete sich da vor seinen Blicken aus: es
war eine Landungsstelle für Luftschiffe. Kleinere und größere
Fahrzeuge lagen da an tief in den Boden eingelassenen eisernen
Ringen verankert. Sie trugen als Aufschrift ihren Namen,
Anfang und Endziel ihrer Fahrt. Da die Witterung infolge
der dünnen, wasserarmen Atmosphäre auf dem Mars ziemlich
gleichmäßig war, bedurfte es keiner besonderen Hallen zur Berg=
ung der Luftschiffe; nur die ausgedehnten Anlagen zur Gas=
gewinnung und Füllung der Ballons waren gedeckt. Reges
Leben und Treiben herrschte hier, etwa wie auf einem Bahn=
hofe auf Erden, nur übertragen in marsitische Gemessenheit. Es
fiel Fridolin auf, daß die Luftschiffe der Marsiten wohl auch
nach dem starren System gebaut waren wie der „Weltensegler",
der einstmals ihn und seine damaligen Gefährten von der Erde
hinweg durch den Ätherraum geführt hatte, aber die Ballons
waren bedeutend kleiner und schienen doch, nach den umfang=
reichen Gondeln zu schließen, eine bei weitem größere Tragkraft
zu besitzen. Da gab es nur zwei erklärende Möglichkeiten: ent=
weder übertraf das Metall, aus dem die marsitischen Luftschiffe
gefügt waren, an Leichtigkeit alles auf Erden Gekannte, oder das
Gas, das zur Füllung des Ballons diente, war noch unendlich

viel leichter als dasjenige, das einst ein schwäbischer Gelehrter erfunden, und das dann zur Füllung des „Weltenseglers" gedient hatte. Die langgestreckte, zylindrische Form, vorn und hinten mit ogivalen Spitzen versehen, schien sich auch hier am besten bewährt zu haben.

Da stiegen Leute ein, dort hob sich ein dicht besetztes Fahrzeug kerzengerade, ohne jede Schwankung in die Luft. Höher und immer höher stieg es. Wie weit mußte der Horizont der darin Reisenden sein! Wie klein würden ihnen die Brüder da unten, die Häuser, die Wiesen, die Bäume erscheinen! Der Erdensohn fühlte Lust, mit in die Lüfte zu steigen. Vielleicht würde sich ein anderes Mal Gelegenheit dazu bieten.

„Du wirst noch manchmal hierher oder an einen andern Luftschiffhafen des Lichtentsprossenen kommen," sagte Eran.

„Dann will auch ich," fügte Fridolin bei, „euer herrliches Land wieder einmal von oben herab schauen."

Bald darauf trafen sie in Angola ein. Es war das drittemal, daß Fridolin Frommherz seinen Fuß in das großartige Heim des Stammes der Weisen setzen sollte. Zweimal war er in Gemeinschaft mit seinen Gefährten hier gewesen. Das Herz klopfte ihm doch etwas bang und erwartungsvoll, als er die breiten Marmorstufen zu dem großen Festsaale hinaufstieg. Vor einem halben Jahre war dort die Abschiedsfeier für seine Freunde und auch für ihn, den Drückeberger, abgehalten worden.

Jetzt trat er ein in den ihm wohlbekannten Saal. Ein lautes, bewunderndes Ah! entschlüpfte seinen Lippen. An den Wänden erblickte er die wunderbar gut getroffenen, künstlerisch ausgeführten Bilder seiner Gefährten und darunter Marmortafeln, die mit goldenen Inschriften voll Lob und Anerkennung die Taten seiner fortgezogenen Brüder verkündeten. Da regte sich wieder

Vom Mars zur Erde.   Seite 18.

im Herzen des Zurückgebliebenen jenes quälende Gefühl von
Gewissensbissen.

Wieder packte ihn wie so oft schon ein Schmerz der Sehn=
sucht, des Heimwehs, als er, um die Bilder genauer zu betrachten,
näher an sie herantrat. Ordentlich vorwurfsvoll schienen ihn die
Freunde aus ihren Augen anzublicken. Es war, als ob den
Bildern Leben eingehaucht worden wäre, denn wo sich auch
Fridolin Frommherz im Saale hinwandte, um die Gemälde aus
der Ferne auf sich wirken zu lassen, überallhin folgten ihm die
Blicke der im Bilde Verewigten. Nachgerade empfand er dies
als unheimlich, um so mehr als er sich vergeblich nach Eran umsah.
Dieser schien nicht mit ihm eingetreten zu sein. Die feierliche Stille
des Saales verstärkte noch das Gefühl des Unbehagens. Daher
war Fridolin froh, als sich endlich eine der Türen öffnete und Anan
hereintrat, gefolgt von Eran und einigen andern alten Marsiten.

„Ich grüße dich in unserm Angola, dich, den ich allerdings
hier nicht mehr zu sehen erwartet hatte," begrüßte Anan mit
wohlwollender Freundlichkeit den Erdensohn, ihm die Hand zum
Willkomm reichend.

„Verzeih mir, edler Anan, daß ich mich nicht entschließen
konnte, zur Erde zurückzukehren, sondern hier auf dem Licht=
entsprossenen zurückblieb," sprach Fridolin.

„Ich habe dir nichts vorzuwerfen, mithin auch nichts zu
verzeihen," entgegnete der ehrwürdige Greis. „Wir haben weder
dich noch deine Brüder zum Fortgehen gedrängt. Es stand euch
frei, zu gehen oder zu bleiben. Als wir hier vernahmen, daß
du deine Gefährten nicht begleitet habest, da wurde einfach der
Auftrag, dein Bild zu malen und die Ehrentafel für dich aus=
zuführen, zurückgezogen. Und bevor wir dich in Angola wiedersehen
wollten, beschlossen wir, erst die Anfertigung der Bilder und

Tafeln der uns so teuren, für immer nun fernen Erdensöhne abzuwarten und sie hier in diesem Saale aufzustellen. Erst nachdem wir dieser Ehrenpflicht genügt hatten, riefen wir dich."

Etwas bedrückt hatte Frommherz der Auseinandersetzung Anans gelauscht. Es lag eine feine Ironie in den Worten wie in der Handlungsweise des Marsiten. Daß man ihn zuerst in den Saal gewiesen, in dem nur sein Bild fehlte, empfand er doch als eine moralische Verurteilung seiner Drückebergerei. Darauf hinaus lief im Grunde auch Anans Rede.

„Du machst ein betrübtes Gesicht. Was fehlt dir, mein Freund?" fragte Anan nach kurzem Stillschweigen.

„Ich bin mir bewußt, einen Fehler begangen zu haben," antwortete Frommherz.

„Den hast du deinen Brüdern gegenüber begangen durch die Art, wie du dich benahmst. Doch verlieren wir hierüber keine weiteren Worte mehr. Für uns ist die Sache abgetan."

„Der ehrwürdige Eran sprach mir von einer Sühne meiner Schuld," bemerkte Frommherz.

„Nun ja," entgegnete der edle Anan. „Du weißt darum. Wir wollten dir hier in Angola eine deiner würdige Beschäftigung zuweisen, durch die du uns nützlich sein kannst, natürlich nur wenn du willst."

„Gewiß, gern, wirklich von Herzen gern," beeilte sich Frommherz zu antworten. „Selbst wenn ihr mir keine Aufgabe zugewiesen hättet, würde ich euch um irgend eine nützliche Arbeit gebeten haben."

„So bleibt es also bei der Ausarbeitung eines Wörterbuches deiner Muttersprache," entschied Anan. „Zieh mit Bentan, unserm wackern Bruder hier, in sein nahes Heim. Dort kannst du dich in aller Ruhe an die Erledigung deiner

Aufgabe machen. Und von Zeit zu Zeit wird es uns freuen, dich in diesem Hause bei uns wiederzusehen. Dann wollen wir in anregender Unterhaltung die Erinnerung an deine ausgezeich= neten Gefährten pflegen." Ein herzlicher Händedruck, und Anan, der Älteste der Alten, zog sich zurück.

„Das ist besser abgelaufen, als ich zu hoffen wagte. Ich habe mir in der letzten Zeit ganz unnützerweise eine fürchterliche Angst gemacht," murmelte Frommherz vor sich hin.

„Bist du zufrieden mit dem Ausgange deiner Angelegenheit, Fridolin?" forschte Eran mit eigentümlichem Lächeln.

„Gewiß, sehr," gestand Frommherz.

„Nun wohl, so komm! Hier steht Bentau, dein Gastgeber. Sein Heim wird für lange Zeit wohl auch das deine sein."

———

Drittes Kapitel.

Eine Sisyphusarbeit.

Schon seit längerer Zeit weilte Fridolin Frommherz im vor= nehmen Heim Bentans, des würdigen Alten, dessen ganzes Wesen und Gebaren seinen Gast viel an Eran erinnerte, den er aber an Zahl der Jahre übertraf. Das Haus lag am lieb= lichen Ufer des tiefblauen Sees von Angola und gewährte von der Terrasse und den Fenstern der Vorderseite aus einen ent= zückenden Blick über die Wasserfläche hinweg nach den fernen, sanften Höhenzügen, die den See einschlossen.

Ein sorgfältig angelegter, tadellos unterhaltener Garten umgab das Haus von der Landseite. Alte, immergrüne, lorbeer=

artige Baumriesen wechselten gruppenweise ab mit den ver=
schiedensten Arten hochstämmiger, prachtvoller Palmen. Dazwischen
schoben sich Sträucher und Büsche, überladen mit farbenprächtigen,
duftenden Blüten.

Die schönste Blume dieses paradiesischen Sitzes aber war
Benta, Bentans holde Enkelin. Dies erkannte auch Fromm=
herz an, der Benta oft mit einer jener Lichtelfen verglich, die
nach der Sage seiner Heimat von menschlicher Gestalt, glänzend
schön sind, Tanz und Musik lieben und dem Menschen gegen=
über freundliche Gesinnungen hegen.

Und einen solchen Ort hatte man ihm, dem Erdensohne,
als Arbeitsstätte zur Strafe angewiesen! Frommherz lachte laut
auf bei diesem Gedanken. Eine herrlichere Belohnung für sein
Zurückbleiben hätte ihm gar nicht gewährt werden können, wenn,
ja wenn nur nicht das verwünschte Wörterbuch gewesen wäre.

Vom ersten Augenblicke an war Benta dem Gaste des
Hauses freundlich entgegengetreten. Aber in dem Wesen und
ganzen Benehmen der graziösen, jungen Marsitin lag so viel
Würde und Erhabenheit, bei aller Bescheidenheit doch wieder
so viel stolzes Selbstbewußtsein, daß Fridolin Frommherz zu
einer Achtung gezwungen wurde, die mehr den Charakter der
Ehrfurcht trug.

Oft an den wunderbar schönen Abenden, wenn Phobos
und Deimos, die Monde des Mars, am Himmel ihre stillen,
glänzenden Bahnen zogen, saß Frommherz nach getaner Arbeit
auf der Terrasse des Hauses, der liebenswürdigen Einladung
Bentans folgend. In herzlicher, freundschaftlicher Weise unter=
hielten sich dann jeweils die beiden Männer. Der alte Marsite
mit seinem reichen, abgeklärten Wissen streute bei diesen Unter=
haltungen dann oft goldene Körner der Weisheit aus, die bei

Frommherz auf fruchtbaren Boden fielen und nach und nach
seine bisherige, der Erweiterung noch sehr bedürftige Lebens=
auffassung umzuformen begannen.

Hin und wieder erschien an solchen Abenden auch Benta
und beteiligte sich an den Gesprächen der Männer. Besonders
lebhaft wurde die Unterhaltung, wenn Frommherz, durch allerlei
Fragen veranlaßt, von der Erde im allgemeinen, von seiner
engeren Heimat aber im besonderen ausführlicher erzählte, nament=
lich von dem Leben und Treiben ihrer kernigen Bewohner.

Die genußreichsten Abende aber waren für Frommherz die,
an denen Benta stimmungsvolle Lieder in künstlerisch vollendetem
Vortrage zur Harfe sang. Diese Augenblicke erschienen dem
Erdensohne als der Inbegriff des wirklich göttlich Schönen. Sie
ließen ihn seine langweilige Arbeit völlig vergessen und erweckten
in ihm eine Summe wunderbar seliger Empfindungen, wie er sie
bis dahin noch niemals gekannt hatte.

Aber wenn er dann nach einem solchen Abend voll märchen=
hafter Schönheit und reinster Glücksempfindung am nächsten
Morgen wieder am Schreibtische seines hohen, luftigen Arbeits=
zimmers saß, um mit schweren Seufzern an der endlos scheinenden
Lösung seiner Aufgabe weiter zu arbeiten, da verflog vor dem
Realen, Nüchternen im Nu aller ideale Schwung der Gedanken,
die Seligkeit jeglicher Empfindung.

„Ja, ja, ein Wörterbuch zu schaffen, das hat mir gerade
noch gefehlt," brummte Frommherz eines Tages grimmig vor
sich hin, als ein weiteres Jahr seit seinem Aufenthalte in Angola
dahingeeilt war. „Es ist einfach, um aus der Haut zu fahren.
Das ist keine Arbeit für einen Moralphilosophen. Diese Idee
ist, um toll, verrückt zu werden. Hol der ..." Doch Fromm=
herz verschluckte das Weitere in edler Selbstbeherrschung und

wandte sich seinen Manuskriptbogen und den Hunderten von losen Zetteln zu, die, in verschiedenen Stößen verteilt, alphabetisch geordnet vor ihm auf dem Tische lagen.

Heute packte ihn ob seiner Arbeit eine gelinde Verzweiflung. Bald da, bald dort griff er einen Zettel heraus, verarbeitete seinen Inhalt, strich das Geschriebene durch oder warf den unbrauchbar gewordenen mit einem Seufzer der Erleichterung in den umfangreichen Papierkorb zu seiner Seite. Ein Kästchen auf dem Schreibtische barg unbeschriebene Zettel, und jeden neuen, seine Gedankenreihe kreuzenden Einfall notierte Frommherz sorgfältig und fügte den Vermerk den vielen Hunderten von älteren Blättern bei.

Das war des Fridolin Frommherz täglich sich erneuernde Aufgabe. Fürwahr eine schwere Sache! Um die Wörterbucharbeiten seiner gelehrten Freunde an der Tübinger Universität hatte er sich früher niemals bekümmert. Hätte er einst eine Ahnung gehabt, daß ihm hier oben auf dem Mars eine ähnliche Arbeit zugemutet werden würde, dann hätte er sich sicherlich mit dem Studium seiner Muttersprache etwas eingehender befaßt. So aber, ohne jede tiefere Vorbereitung, ohne jedes Hilfsmittel ein deutsch-marsitisches Wörterbuch herzustellen, alles hierzu erst aus sich selbst heraus zu schaffen, diese schier endlose und heillos schwierige Arbeit begann ihm manchmal das sonst so paradiesisch schöne Dasein auf dem Mars zu versalzen. Und welch elenden Eindruck machte wiederum auf die Marsiten das schneckenartige Vorwärtsschreiten einer Arbeit, für die sie sich außerordentlich interessierten! Schon verschiedene Male hatte der Erdensohn über den Stand seiner Arbeit seinen Freunden in Angola Vorträge gehalten, die über die Unregelmäßigkeit der deutschen Sprache die Köpfe schüttelten. Sie schien den Marsiten noch in einem Entwicklungsstadium zu stecken, das die ihrige schon seit Tausenden von Jahren überwunden hatte.

Wie rasch und leicht hatten die sieben Schwaben die Sprache ihrer Freunde auf dem Mars in ihrer edlen Einfachheit erlernt! Nur einer unter ihnen, Herr Hämmerle, der Philologe, hatte etwas daran auszusetzen gefunden. Er hatte das Kraftvolle, das in der Unregelmäßigkeit der deutschen Konjugation und Deklination liegt, dem Ebenmäßigen, Abgeschliffenen, Weichen der Marssprache entgegengesetzt und den Preis der Schönheit seiner deutschen Muttersprache zuerkannt.

An dies alles erinnerte sich jetzt wieder Fridolin Frommherz. Er sprang vom Stuhle auf und maß erregt das Zimmer.

„Wäre ich nicht von der hohen Denkweise der Marsiten felsenfest überzeugt, wüßte ich nicht auf das bestimmteste, daß ihnen jegliche Quälerei fernliegt, ich müßte wahrlich annehmen, daß ihnen ein böser Geist diese Art meiner Beschäftigung angab," rief er zornig. „Doch was nützt meine Aufregung? Nichts! Ja, wäre doch nur diese deutsche Muttersprache so glatt, so regelmäßig, so einfach nach wenigen Regeln zu konstruieren wie das wohllautende, vokalreiche Idiom der Marsiten! Um wie viel leichter wäre dann meine Arbeit!" Seufzend strich sich der Gelehrte mit der Linken über die Denkerstirn. Dann setzte er sich wieder an den Schreibtisch und schrieb emsig weiter. Da trat Eran in das Zimmer.

„Welch große Überraschung und Freude, dich endlich wieder einmal in Angola zu sehen!" rief der Schwabe, als er den Eintretenden erkannt hatte.

„Nun, Freund Fridolin, wie geht es dir? Wie weit ist das große Werk gediehen?" fragte Eran, dem Erdensohne herzlich die Hand zum Gruße schüttelnd.

„Wie soll es mir gehen, würdiger Eran? Einerseits gut, anderseits schlecht!"

„Ich verstehe dich nicht!" gestand Eran.

„Nun, ich fühle mich gesund, aber die Arbeit liegt mir sehr auf dem Magen."

„So, so!" lächelte Eran.

„Ja, dem Himmel sei es geklagt. Die Sache wird schwieriger, je weiter ich vorwärtsschreite. Aber ich schulde dir noch die Antwort auf deine zweite Frage. Ich arbeite am G meines Werkes."

„Wie? Erst am siebenten Buchstaben von den fünfund= zwanzig des Erdenalphabetes? Kaum möglich!"

„Und doch ist es leider so, wie ich dir sage," antwortete Frommherz betreten.

„Merkwürdig!" erwiderte Eran, den Kopf schüttelnd. „Du bist doch schon seit zwei Jahren deiner Zeitrechnung ununter= brochen an der Arbeit. Wann willst du sie denn beenden?"

„Das weiß ich selbst nicht," murmelte der Gelehrte, „es wird je länger, je schlimmer. Da sieh her!" Mit diesen Worten zog er eine große Schublade seines Schreibtisches auf. Sie war bis oben mit eng beschriebenen Bogen von stattlicher Größe gefüllt.

„Fast tausend Manuskriptseiten und noch nicht einmal ein Drittel des Werkes vollendet! Nein, ehrwürdiger Eran, ein so umfangreiches Buch hat Fridolin Frommherz auf Erden nie= mals geschrieben! Und da, sieh alle die Zettel und mühsam gesammelten Notizen — ihr habt mir wahrlich Schweres auf= gebürdet und laßt mich die Daseinsfreuden auf dem Licht= entsprossenen sauer genug verdienen."

Ein Lächeln huschte über Erans milde Züge. „So möchtest

du wohl lieber wieder zur Erde und dein Wörterbuch unvollendet uns zurücklassen?"

„Nein, nein, das doch nicht," erwiderte Frommherz hastig, und eine Blutwelle stieg ihm ins Gesicht, als er bei diesen Worten unwillkürlich an Venta dachte.

„Warum aber klagst du dann? Eine Arbeit, deren Erfüllung keine Unmöglichkeit, sondern nur eine einfache Frage der Zeit ist, berechtigt nach meiner Auffassung zu keiner Klage. Und du, mein Freund, hast ja Zeit in Hülle und Fülle. Niemand drängt dich."

„Aber dein Erstaunen, deine Äußerungen von vorhin über den langsamen Gang . . ."

„Galten nicht dir, Fridolin, sondern lediglich deiner komplizierten Muttersprache," unterbrach Eran den Erdensohn. „Beruhige dich also, mein Freund! Gerade das Bewußtsein, uns ein dauerndes Monumentalwerk durch deine geistige Tätigkeit zu schaffen, sollte dich alle Schwierigkeiten, die dir dabei entgegentreten, und deren Bedeutung ich gewiß nicht unterschätzen will, nur um so kraftvoller überwinden lassen."

„Du sprichst die richtigen Worte zu richtiger Zeit aus, edler Eran! Ich gestehe dir, daß ich gerade heute meines Werkes wegen recht entmutigt war. Nun kommst du wie gerufen und belebst mir die gesunkene Hoffnung in wunderbarer Weise von neuem wieder. Dafür nimm meinen besten Dank!"

„Es bedarf dessen nicht, Freund Fridolin. Im Gegenteil! Ich bin beglückt, daß du dich wieder selbst gefunden hast, und daß dadurch das frühere, so feste Vertrauen in dein Können wieder bei dir eingezogen ist."

Eran erhob sich. „Ich werde jetzt öfter als bisher von Lumata nach Angola kommen. Wir haben eine Reihe wichtiger

Beratungen vor uns. So werde ich dich in Zukunft in kürzeren
Zwischenräumen wiedersehen als in der letzten Zeit." Damit
verabschiedete sich Eran in liebenswürdiger Weise.

Der Erdensohn vermochte aber nach dem Weggange des
ehrwürdigen Alten nicht gleich wieder seine Arbeit aufzunehmen.
Gedanken aller Art bewegten ihn. Der Appell Erans an sein
Ehrgefühl hatte in ihm merkwürdige Gefühle geweckt. Wie klein
kam er sich diesem Marsiten gegenüber vor! Ja, Eran hatte
recht: Man kann, was man wirklich ernstlich will. Und sollte
er umsonst, ohne nennenswerte Gegenleistung nur die Annehm=
lichkeiten des Lebens unter diesen ausgezeichneten Menschen hier
oben genießen dürfen? Gerade deshalb waren ja die andern
vom Mars wieder fortgezogen, weil sie der Gastfreundschaft der
Söhne des Mars keine ebenbürtige, wirklich nutzbringende Leistung
entgegenzusetzen hatten. Nein, er mußte und wollte eine Tat
vollbringen, die einigermaßen wenigstens einen Gegenwert bot für
das, was er von den Marsiten empfing. Die Art der Arbeit,
nicht diese selbst, die er bisher als eine Last empfunden, sie er=
schien ihm jetzt als ein glückliches Mittel zur Abtragung seiner
Dankesschuld. Jetzt erst kam ihm auch mit einem Male die
segensreiche Bedeutung seiner Aufgabe zu vollstem Bewußtsein.
Das war keine Sühne, um die es sich hier handelte, nein, das
war der Weg zur zielbewußten Umformung seines eigenen, bisher
so schwankenden Ichs, das ausdauerndem und ernstem Streben
wenig geneigt war.

Mit wie großem Mißmute war er heute morgen an sein
Werk gegangen! Er schämte sich in diesem Augenblicke ordentlich
deswegen. Nun war eine Arbeitsfreude, eine Emsigkeit in ihm
lebendig geworden, die, endlich zu vollster Stärke erweckt, nie
mehr einschlafen oder versiegen würde, das fühlte er. Und mit

lautem Danke an den Zauberer Eran, der das Wunder fertig
gebracht hatte, nahm Frommherz seine Arbeit wieder auf. Die
gehobene Stimmung, in der sich Bentans Gast befand, fiel dem
Alten auf, als er am Abend des wichtigen Tages mit Fridolin
Frommherz zu Tische saß.

„Hat dir Eran heute so freundliche Nachrichten gebracht,
daß du entgegen deiner bisherigen Art so fröhlich deine Arbeit
beendet hast?" forschte Bentan.

„Das nicht," entgegnete der Schwabe heiter, „aber er hat
mir gewisse Worte gesagt, die mich gewaltig bewegten und mir
ein anderes Urteil über meine Beschäftigung schufen, als ich es bis
jetzt gehabt hatte. Und das macht mich frei und fröhlich zugleich."

„Ja, ein gutes Wort im rechten Augenblicke hat oftmals
schon große, unerwartete Wirkung geübt," bemerkte Bentan.
„Es freut mich daher auch besonders, dies aus deinem Munde
hören zu dürfen."

„Eran sagte mir auch, daß er künftighin öfter nach Angola
kommen würde, um an wichtigen Beratungen teilzunehmen."

„Es laufen sehr ungünstige Berichte aus unsern polaren
Regionen ein. Sie bilden den Gegenstand unserer Besprechungen,"
erwiderte Bentan.

„Worin bestehen diese Berichte?"

„Das kann ich dir mit wenigen Worten nicht sagen. Es
handelt sich um die Wasserfrage auf unserm Lichtentsprossenen.
Im übrigen müssen wir auch noch die weiteren Forschungsresultate
der zu erneuter Prüfung abgesandten wissenschaftlichen Expe-
ditionen aus dem Stamme der Ernsten abwarten. Sorge dich
einstweilen nicht unnötig, lieber Fridolin," fuhr der Greis fort,
als er bemerkte, daß seine Mitteilungen den Freund zu erschrecken
schienen. „Du wirst von mir, wenn wirklich eine Zeit der Not

für uns bevorstehen sollte, im rechten Augenblicke benachrichtigt
werden."

Aber Frommherz' gute Stimmung hatte doch einen leichten
Stoß durch Bentans Bemerkung erhalten. Dem scharfen Auge
des Alten war dies nicht entgangen.

„Benta, mein Kind, komm mit hinaus auf die Terrasse und
bringe deine Harfe mit!" bat der Greis seine Enkelin. „Freund
Fridolin bedarf der Erheiterung."

„Gesang und Harfenspiel, diese Art der Erheiterung lasse ich
mir immer gefallen," warf Frommherz muntern Tones ein, und
der Abend schloß voll Harmonie und freudiger Glücksempfindung.

In arbeitsfrohem Leben verstrichen die folgenden Monate.
Sie förderten das Vorwärtsschreiten des Werkes. Frommherz
fühlte sich hoch befriedigt, als er sah, wie seine Aufgabe in dem
Maße leichter für ihn wurde, als er sie energischer anpackte.
Die heitere Zufriedenheit, die den Gelehrten beherrschte, vermochten auch die Mitteilungen Bentans nicht wesentlich zu erschüttern, die der Greis hin und wieder über die Verhandlungen
des Stammes der Weisen machte. Sie behandelten die auffallende Erscheinung des Rückganges des Eises an beiden Polen
des Mars, eine Erscheinung, die, wie Bentan lächelnd meinte,
in grober Weise gegen alle Tatsachen des bisherigen Abkühlungs-
prozesses des Lichtentsprossenen verstoße.

„Ich habe mich schon oft verwundert gefragt," warf Fridolin
Frommherz ein, „warum ihr hier oben auf dem Lichtentsprossenen
weniger Polareis habt als wir auf der Erde. Da ihr um so
viel weiter von der Sonne entfernt seid, müßte doch eigentlich
eure arktische Zone viel weiter reichen."

„Erklärt sich das nicht ganz einfach," erwiderte der Greis,
„durch unsere geringere Wassermenge, unsere trockenere Atmo-

sphäre, unsern doppelt so langen Sommer? Wir haben viel
weniger Regen, viel geringeren Schneefall als ihr da unten auf
der Erde. Wir werden uns trotz alledem nicht mehr verjüngen.
Die beiden Großmächte beim Bau unseres Lichtentsprossenen,
die Kieselsäure und die Kohlensäure, liegen in ewigem Kampfe
miteinander unter wechselnden Siegen und Niederlagen."

„Also genau so wie auch auf unserm Planeten," warf
Frommherz ein.

„Ja, wenn es einst der Kohlensäure gelingt, über die Kieselsäure vollständig zu triumphieren," fuhr Bentan fort, „so hat
die Stunde geschlagen, in der bei uns alles organische Leben er-
löschen muß. Dann zieht der kalte, starre Tod ein wie auf
unsern Monden. Jede Woge, die an die Felsen brandet, jede
Welle, die über das Kieselgestein des Flußbettes eilt, jeder Regen-
tropfen, der zu Boden fällt — sie alle stehen mit der Kohlensäure in innigstem, ewigem Bunde, langsam, aber sicher zersetzen
sie auch das härteste Kieselgestein. Die Kohlensäure verbindet
sich mit den basischen Bestandteilen, und die verdrängte Kieselsäure lagert sich mit dem Rest von Basen am Grunde der
Gewässer. So sind einst jene mächtigen Ton- und Sandstein-
lager entstanden, deren Bildungsvorgänge wir heute noch im
Kleinen verfolgen können. Und die Kohlensäure fällt, an Kalk
oder Magnesia gebunden, gleichfalls zu Boden. Die mächtigen
Kreidelager der Kalksteinformationen, die große Teile der Rinde
unseres Lichtentsprossenen ausmachen, bestehen zur Hälfte ihres
Gewichtes aus Kohlensäure, die aus der Atmosphäre stammt
und dem Kreislaufe des Lebens entzogen wurde. Im Innern
dieses Weltkörpers, dort in der Tiefe, ist das Gebiet der Kieselsäure, dort ist sie die stärkere Säure, dort verdrängt sie die Kohlensäure aus ihren Verbindungen. Diese auf der Flucht begriffene

Kohlensäure kannst du an unsern Mofetten, an vielerlei Spalten und Rissen des Lichtentsprossenen beobachten, aus denen Kohlen= säure ausströmt. Und da Mars langsam erkaltet und seine Rinde sich verdickt, so muß diejenige Kraft, die der Kieselsäure die Oberhand im Kampfe verschafft, die Eigenwärme des Lichtent= sprossenen, fortwährend abnehmen. Damit ist der endliche Sieg der Kohlensäure nur eine Frage der Zeit." Bentan schwieg.

„Diesem gewaltigen, unsere Existenz einst vernichtenden Kampfe, stehen wir wissend, aber machtlos gegenüber," begann Bentan wieder nach langer Pause. „Anders aber verhält es sich mit dem Mangel an richtigen Wintern, den wir seit Jahren schon feststellen können, ferner mit der Abnahme der Nieder= schläge aus der Atmosphäre. Diese Erscheinungen stellen uns vor Aufgaben, die gelöst werden müssen, soll die Gesamtheit nicht schwer darunter leiden."

„Kann sich dies aber nicht rasch, vielleicht schon von heute auf morgen wieder ändern?" fragte der Erdensohn. „Auf unserm Planeten haben wir auch öfters Perioden übermäßiger Trocken= heit, denen dann wieder solche der Nässe folgen."

„Eure Erde besitzt eine andere, dichtere Atmosphäre und größere Wassermengen in Form gewaltiger Ozeane als unser Lichtentsprossener. Andere Gesetze beherrschen somit dort die atmosphärischen Niederschläge als hier. Klagen oder jammern werden wir unserer ungünstigen Lage wegen nicht. Wir ziehen aus den Erfahrungen früherer Zeiten den Schluß, daß nach einer gewissen Periode des Mangels an dem lebenspendenden Naß wieder ein Abschnitt des Ausgleiches eintritt, allerdings mit der Neigung zu immer kürzerer Dauer."

„Und macht euch diese Aussicht keine schweren Sorgen?"

„Nein! Ganz abgesehen davon, daß sie unnütz wären, so

wiſſen wir auch alle, daß für unſern Lichtentſproſſenen einſt die Stunde ſeines Unterganges ſchlagen wird und muß. Licht und Wärme, die uns das ewige Licht, die Sonne, ſpendet, nehmen ebenfalls einmal ihr Ende. Nichts währt dauernd, und was uns ewig, unvergänglich ſcheint, was wir damit bezeichnen, um= faßt für unſer Begriffsvermögen allerdings kaum vorſtellbare, ungeheure Zeitmaße, die aber an der Weltuhr nur Sekunden, höchſtens Minuten anzeigen. Unerbittlich und unaufhaltſam rollt das Rad der Zeit. Die raſche Vergänglichkeit alles Irdiſchen mahnt uns eindringlich, unſer Leben würdig aufzufaſſen, inhalts= reich zu geſtalten und es nicht mit zweckloſer Furcht vor dem Unbekannten, Unerforſchbaren auszufüllen oder gar zu verbittern."

„Das ſind tiefe Gedanken, die du da äußerſt," warf der Gelehrte voll Achtung ein, als Bentan einen Augenblick ſchwieg. „Wohl denen, die ihnen nachleben!"

„Alles iſt dem Wechſel unterworfen. Welten und Völker verſchwinden, andere tauchen dafür wieder auf," fuhr der Greis fort, ohne ſeines Gaſtes Bemerkung weiter zu beachten. „Im ewigen Kreislaufe bewegt ſich die Materie, das allein Unſterb= liche der geſamten Körperwelt. Und wenn einſt unſer Licht= entſproſſener nicht mehr ſein wird, ſo iſt im Buche der Ewig= keit und der Unendlichkeit nur ein einziges Blatt gewendet worden. Die ewige Harmonie und Schönheit des Weltalls hat dadurch nicht gelitten, daß wir verſchwanden. Ein anderer Stern, eine andere Himmelsleuchte iſt dann an unſere Stelle getreten."

„Eine ſolche Anſchauung, wie du ſie mir ſoeben geoffenbart haſt, edler Bentan, fürchtet auch den Tod nicht," bemerkte Frommherz, als der Greis geendet hatte.

„Gewiß nicht, mein lieber Freund Fridolin. Die Grund= empfindung unſeres Daſeins iſt nicht die Angſt, ſondern die

Freude an allen Wundern der Schöpfung, und diese Freude
läßt uns alle in unserm Organismus vorhandenen Kräfte zweck=
mäßig ausnützen. Sie erlaubt uns dadurch das große Leben der
Gesamtheit voll und ganz mitzuleben. Sie ist es ferner, die
uns zu der klaren Erkenntnis führt, daß der Tod das natürliche
Produkt des Lebens ist, daß dessen Endlichkeit keine Verzweiflung,
sondern nur Versöhnung bedeutet. Unser Einzelleben ist nur
eine unwichtige Episode im allein wichtigen Gesamtleben, von
dem wir selbst nur ein kleinster Bruchteil sind. Das Bewußt=
sein, unsern Platz in der Natur nach bestem Wissen und Können
ausgefüllt zu haben, schafft das Gefühl der Ruhe und eine gewisse
Heiterkeit der Stimmung, mit der wir unser eigenes kleines
Lebensbuch abschließen. Unsere Nachkommen treten dann an
unsere Stelle. Sie allein sind es, die uns die Fortdauer unseres
individuellen Daseins zeigen."

„Welch herrliche Worte hast du da gesprochen!" rief der
Erdensohn in aufrichtiger Bewunderung. „Wie ganz anders ist
noch in den breitesten Schichten der sogenannten Kulturvölker
unseres Planeten die Auffassung von Leben und Tod gegen=
über euern Anschauungen! Angst und Furcht sind es, die bei
der Mehrzahl der Erdenkinder keine wahre, echte Lebensfreude
aufkommen lassen."

„Weil ihr euch eben leider noch nicht durchgerungen habt
zur vollen, wahren Nächstenliebe. Diese allein ist die klare Quelle,
aus der jener echte Frohmut sprudelt, der dem Leben den hellen,
warmen Sonnenschein verleiht und dem Tode jeglichen Schrecken
raubt."

Welche Fülle von Weisheit strömte nicht von Bentan aus!
Und so war es mehr oder weniger mit jedem andern Marsiten
aus dem Stamme der Weisen, mit dem der Schwabe in nähere

Berührung trat. Wahrlich, dieser Stamm verdiente seinen stolzen Namen; er machte ihm alle Ehre ohne die kleinste Phrase und Anmaßung, lediglich durch die edle Gesinnung und hohe Bildung seiner Vertreter. Hatte den schwäbischen Gelehrten einst das von aller materiellen Sorge scheinbar freie, ideal schöne Dasein zum Bleiben auf dem Mars veranlaßt, so pries er jetzt, mehr und mehr zur Selbsterkenntnis gelangt, das Glück eines Ver= kehrs mit den Besten des Volkes in Angola. Dieser Umgang war für ihn eine mächtige Förderung in sittlicher wie geistiger Richtung. Nun fing er auch an, vieles zu verstehen und zu begreifen, was sein unvergeßlicher Freund Stiller öfters vor= getragen hatte, wenn er mit ihm zusammen an schönen Sommer= abenden den Neckar entlang bei Tübingen spazieren gegangen war. Wie manchmal hatte er da heftig dem Freunde wider= sprochen, war dessen Anschauungen auf das schroffste gegenüber= getreten, ohne für seine kecken Behauptungen und Entgegnungen auch nur entfernt eine befriedigende Beweisführung antreten zu können. Wie schnell fertig war er damals im Aburteilen über Dinge gewesen, die er nur höchst oberflächlich kannte!

„Sie werden später vielleicht noch einmal anders denken, wenn Sie erst das Entwicklungsideal der Menschheit durch die reine, durchsichtige Atmosphäre der naturwissenschaftlichen Welt= anschauung zu betrachten vermögen," hatte ihm Herr Stiller einmal nach einer heißen Auseinandersetzung geantwortet. Da= mals hatte er seines Freundes Behauptung lediglich als Aus= druck der Hoffart aufgefaßt, heute aber, nach Jahren, fand er, daß Hoffart, Anmaßung und Selbstüberschätzung nur auf seiner Seite, nicht aber auf der des treuen, hochgebildeten Freundes gewesen waren.

Wie oft mußte er gerade bei seinen Unterhaltungen mit

den Weisen an den fernen Stiller denken, diesen vortrefflichen Menschen und Mann der Wissenschaft! Und mit solchen Gedanken begann wieder eine leise Sehnsucht nach ihm und den andern Gefährten auf der Marsreise, nach der alten, lieben Heimat sein Herz zu bewegen. Aber sah er dann die holde Benta, hörte er deren herrlichen Gesang, lauschte er den wundervollen Akkorden, die ihre zarten Finger der Harfe zu entlocken verstanden, so verschwanden rasch all die schwachen Regungen des Heimwehs, einer Spezialkrankheit des echten Sohnes schwäbischer Erde. Dafür umgaukelten liebliche Träume Frommherz' Sinne, die sich mehr und mehr zu festen Absichten verdichteten, je länger er im Hause Bentans, des gütigen Alten, lebte.

Viertes Kapitel.

Getäuschte Hoffnungen.

In das Stilleben des Bentanschen Heimes brachte der Besuch eines jungen Marsiten vom Stamme der Ernsten eine kleine Abwechslung, die besonders von Benta angenehm empfunden zu werden schien, wenigstens glaubte dies Frommherz, nicht ohne eine leise Regung von Unbehagen, zu bemerken. Orman, mit dem alten Bentan schon lange näher befreundet, war mit einer wissenschaftlichen Expedition, der er als Mitglied angehörte, nach langer Abwesenheit wieder nach Angola zwecks persönlicher Berichterstattung zurückgekehrt. Für die Zeit seiner Anwesenheit am Zentralsitze der Weisen wohnte er, einer Einladung Bentans folgend, bei diesem.

Der jugendlich schöne Marsite, der reinste Apoll, wie ihn

der Schwabe im geheimen und nicht ohne einen gewissen Anflug
von Neid bezeichnete, war dem alten Gaste des Hauses sofort
mit der so gewinnenden, weil aufrichtigen Herzlichkeit entgegen=
getreten, die den Marsiten in ihrem Verkehre überhaupt eigen
war. Das Gebaren und Auftreten Ormans war offen und
klar. Er war ein Mann ohne Furcht und Tadel. Reiches
Wissen, gepaart mit jener echten Bescheidenheit, die nur das
Produkt wahren Selbsterkennens ist, machte Orman besonders
sympathisch. Und diese Sympathie wäre auch bei Fridolin
Frommherz vollkommen gewesen, wenn seine Gefühle für Benta,
die strahlend schöne Marsitin, etwas weniger selbstsüchtig ge=
wesen wären. So aber empfand der Erdensohn Ormans An=
wesenheit als eine gewisse Gefahr für sich selbst.

Verglich er sich nur allein schon äußerlich mit Orman, so
fiel die Prüfung leider sehr zu seinem Nachteil aus, ganz ab=
gesehen von der geradezu imponierenden Bildung des Marsiten.
Das Schwabenalter hatte Fridolin Frommherz seit kurzem
glücklich erreicht. Wollte er also ein eigenes Heim gründen, so
durfte er damit nicht lange mehr zögern. Dieser Gedanke hatte
erst mit dem Erscheinen Ormans eine bestimmtere und deut=
lichere Form angenommen, und aus diesem Gedanken heraus
wuchs noch ein zweiter: durch die Heirat mit einer Marsitin
sich gewissermaßen das legitime Bürgerrecht auf dem Lichtent=
sprossenen zu sichern. Nun mußte ihm dieser Orman in die
Quere kommen, gegen den sich schlechterdings auch gar nichts
einwenden ließ!

So scharf und mißtrauisch der Gelehrte auch Benta und
Orman beobachtete, er konnte nicht das geringste entdecken, was
seiner Eifersucht irgend welchen Schimmer von Berechtigung
hätte verleihen können. Harmlos und fröhlich verkehrten die

jungen Leute miteinander. Nur wollte es Frommherz vorkommen, als ob Bentas Freundlichkeit gegen Orman doch noch
um einen Ton wärmer, herzlicher gehalten sei als gegen ihn:
ein qualvoller Zustand für ihn, der zum ersten Male in seinem
Leben von Amors schlimmem Pfeile getroffen worden war.
Diese heimliche Liebe — denn daß es eine solche sei, wurde
Frommherz schließlich klar — machte ihn halb krank und raubte
ihm die Lust zu jeglicher ernsten Arbeit.

Hin und wieder besann sich Frommherz, was er unter die=
sen Umständen tun oder unternehmen solle. Aber kaum war
eine Idee gefaßt, als eine andere neue die alte erste wieder um=
stieß. Nur so viel stand für den Gelehrten fest: solange Orman
im Hause Bentans weilte, konnte und durfte er nicht mit dem
ehrwürdigen Greise über seine Liebe reden. Sollte er sich eine
Abweisung holen, womit er ja möglicherweise auch zu rechnen
hatte, nun wohl, so wollte er sie erst nach Ormans Abreise ein=
stecken. Er wollte sich wenigstens vor Orman nicht lächerlich
machen.

Endlich mußte der junge Marsite wieder fort. Der Ernst
der Zeit und seine Pflichten riefen ihn wieder an die Arbeit.
Frommherz atmete ordentlich erleichtert auf. Nach und nach
fand er auch seine alte Ruhe und Heiterkeit wieder und mit
ihr den früheren Arbeitseifer. Ein unbestimmtes Gefühl hielt
Frommherz ab, mit Benta selbst zuerst eine offene Aussprache
zu suchen. Und auch mit Bentan, dem Alten, wollte sich keine
passende Gelegenheit finden lassen, die dem Erdensohne erlaubt
hätte, mit Mut und Zuversicht seinen Wünschen lauten Aus=
druck zu verleihen.

Gerade die Mitteilungen Ormans über die zunehmenden
ungünstigen Wasserverhältnisse auf dem Mars hatten Bentans

ganze Aufmerksamkeit in Anspruch genommen und ihn auch den
etwas veränderten Gemütszustand seines Gastes während Ormans
Anwesenheit übersehen lassen. Auch war jetzt Bentan selbst
viel beschäftigt. Dazu kamen noch die vielen Versammlungen
der Stammesältesten, Besuche anderer Brüder Bentans, kurz
in Angolas sonst so stillen Straßen und Plätzen herrschte seit
einiger Zeit ein regeres Leben als je. So verschob Frommherz sein Anliegen von einer Woche zur andern und suchte
durch strenge Arbeit seine Leidenschaft zu betäuben.

Die gute Weiterentwicklung seines gewaltigen Werkes wirkte
auf seine Stimmung so günstig ein, daß er endlich auch den
Mut fand, in eigener Sache handelnd vorzugehen. Eines
Abends, nachdem schon Monate seit Ormans Fortgang verflossen waren, entschloß sich Frommherz, mit Bentan über die
Frage der Ehe im allgemeinen und über eine Heirat mit Benta
im besonderen zu reden. Benta hatte sich auf ihr Zimmer
zurückgezogen. Die beiden Männer saßen allein auf der Terrasse
des Hauses und genossen den herrlichen Abend mit seinem klaren, milden Mondlicht. Schweigend starrte Frommherz hinaus
in die Pracht der Nacht, die ihn immer von neuem wieder
durch das reizvolle Spiel ihrer beiden Monde bezauberte, trotzdem er sich nun schon länger als fünf Jahre auf dem Mars
befand.

„Wunderbar, märchenhaft schön ist doch bei euch hier oben
die Nacht!" rief der Gelehrte, das lange Schweigen unterbrechend.

„Ich weiß und kenne nichts anderes," entgegnete Bentan
lächelnd.

„Aber ich!" antwortete der Schwabe. „Unsere Mond-
nächte auf der Erde bieten nicht diese eigenartige Schönheit."

„Dafür besitzt ihr ja auch nur einen Trabanten, eine Leuchte.
Unser Verdienst ist es nicht, daß wir deren zwei haben.“

„Sie passen aber in würdiger Weise zu euerm Leben voll
Licht, ja sie ergänzen es in harmonischer Form.   Am Tage das
strahlende Licht der Sonne, in der Nacht der milde, versöh=
nende, zur Ruhe förmlich einladende Silberglanz der Monde,
alles hell, licht wie ihr selbst!“

„Nun, dieses Leben, das du so rühmst, hat auch seine
Schatten und seine Unvollkommenheiten.   Und wohl uns, daß
es so eingerichtet ist,“ erwiderte Bentan.   „Ein gewisser Kampf
ums Dasein ist nun einmal untrennbar mit der Existenz eines
jeden Lebewesens verknüpft.   Er ist die Ursache aller Entwick=
lung und Vervollkommnung.   Darüber sind wir froh und dank=
bar zugleich.   Dieser Kampf ums Dasein wird bald unseres
Volkes ganze Kraft in Anspruch nehmen.“

„Des Wassers wegen?“ fragte Herr Frommherz.

„Ja, wie du weißt.“

„Ich sehe aber deshalb noch keine drohende Gefahr.“

„Weil du eben unsere Verhältnisse noch zu wenig kennst,
Freund Fridolin.   Für Angola ist die Wasserfrage, dank unter=
irdischen Zuflüssen zum See, noch nicht so empfindlich geworden
wie an andern Orten unseres Lichtentsprossenen.   Trotzdem aber
ist eine Abnahme des Seespiegels deutlich wahrnehmbar.“

„Was wollt ihr aber in dieser Sache unternehmen?“

„Eine Änderung unseres gesamten Kanalsystems,“ antwortete
Bentan so ruhig, als ob es sich um die einfachste Angelegenheit
handelte.

„Das ist ja eine Riesenarbeit!“ rief der Erdensohn in ehr=
lichem Erstaunen.

„Sie muß ausgeführt werden.   Vor dem imperativen Muß

tritt alles zurück. Wir alle ohne Unterschied des Stammes werden im Dienste der Allgemeinheit die große Aufgabe zu lösen suchen."

„Auch ich will mich freudig daran beteiligen, soweit ich es vermag, fühle ich mich doch eins mit euch," bemerkte Frommherz.

„Du sollst uns dabei willkommen sein," erwiderte Bentan herzlich.

„Der Gedanke, ganz in euch aufzugehen, mir gewissermaßen das Bürgerrecht hier zu erwerben, bewegt mich schon lange," hub Frommherz nach längerer Pause zu sprechen an. „Ich möchte nicht mehr als Gast, sondern als Marsite angesehen werden."

„Wirst du denn anders als ein solcher behandelt?" Diese Frage Bentans brachte Frommherz ein wenig aus der Fassung.

„Hm, hm, ich kann mich sicherlich nicht beklagen, nein, im Gegenteil. Nur möchte ich, — ja, wie soll ich mich gleich ausdrücken? Ich möchte in allem als euresgleichen gelten."

„Du bist uns kein Fremder, Freund Fridolin. Wir betrachten dich daher auch schon lange als Mitglied der großen Marsgemeinde. Ich hoffe, daß dich diese Worte befriedigen," entgegnete Bentan freundlich.

„Sie ehren mich, aber sie erfüllen nicht meine besonderen Wünsche."

„Und worin bestehen diese? Erkläre dich deutlicher."

„Für immer auf dem Lichtentsprossenen zu weilen."

„Niemand von uns weist dich fort. Im übrigen war dies ja auch gewiß schon damals deine Absicht, für immer bei uns zu bleiben, als du deine Brüder ohne dich von hier fortziehen ließest," entgegnete Bentan mit eigenartiger Betonung.

„Das alles ist nicht das, was ich will. Ein Heim mein eigen nennen, in Generationen fortleben . . ."

„Nun verstehe ich dich endlich, lieber Freund Fridolin,“ begann Bentan ruhig, als der Erdensohn, plötzlich unsicher geworden, in seiner Rede stockte. „Du möchtest heiraten. Ist es nicht so?“

„Getroffen!“ gestand der Gelehrte, ordentlich froh, von Bentan so rasch begriffen worden zu sein.

„Zu jung dazu bist du nicht mehr,“ warf Bentan lächelnd ein.

„Nicht wahr? Das finde ich ebenfalls.“

„Ich möchte aber bezweifeln, ob sich dein Wunsch verwirklichen läßt. Du bist ein Sohn der Erde und gehörst auch in der Liebe zu ihr. Was Lichtentsprossen ist, soll sich wieder mit Lichtentsprossenem verbinden, nicht mit Fremdem. Von einem Durchbrechen dieser Auffassung verspreche ich mir persönlich nichts Gutes. Doch ferne sei es von mir, dir jede Hoffnung nehmen zu wollen. Prüfe dich nochmals, und dann handle. Du weißt, daß bei uns keine materiellen Erwägungen bei der Eheschließung mitsprechen. Bei uns hat die Frau eine vornehme und hohe Stellung in der Kultur gerade deshalb, weil sie sich bescheidet, die Ergänzung des Mannes zu sein. Frei wählt sie denjenigen Mann, dessen Persönlichkeit mit der ihren wirklich und wahrhaftig wahlverwandt ist. Mit dem, was er ist, mit seiner ganzen Stellung wirbt bei uns der Mann um das Weib. Dadurch ist bei uns die Eheeinrichtung zu einer hehren Wahrheit geworden, die sich sehr scharf von den ehelichen Zuständen der Erde unterscheidet, über die, wie ich mich noch genau erinnere, als deine Gefährten noch bei uns weilten, ihr uns hier in Angola Vortrag gehalten habt.“

„Warum soll aber dieser Unterschied eine Erfüllung meines Wunsches unmöglich machen? Auch auf der Erde gibt es, glaube es mir, edler Bentan, manche glückliche Ehen, die nach denselben oder doch ähnlichen Grundsätzen geschlossen worden sind wie hier oben."

„Das mag sein. Es sind und bleiben aber seltene Aus= nahmen. In dieser Richtung sind mir eure völlig miteinander übereinstimmenden und vernichtend lautenden Urteile allein maß= gebend. Deine Brüder waren viel zu ernste und wahre Män= ner, als daß ihre Aussagen dem geringsten Zweifel unterzogen werden dürften. Im übrigen habe ich dir nur gesagt, was ich von deiner Absicht halte. Ich möchte dich nur gern vor Ent= täuschungen bewahren. Es steht dir völlig frei, nach Gutdün= ken zu handeln."

Eine lange Pause trat ein. Frommherz war durch die Wendung, die das Gespräch genommen, sehr niedergedrückt. Er hatte auf eine Ermunterung, nicht auf eine Ablehnung ge= rechnet; denn darauf liefen Bentans Worte doch hinaus. Aber er wollte trotzdem nicht ohne weiteres auf seine Neigung zu Benta verzichten und die Angelegenheit noch in dieser Stunde zu einer definitiven Klärung bringen.

„Ich bekenne dir offen, ehrwürdiger Bentan, daß ich mich schon sehr an den Gedanken gewöhnt hatte, mit dir und deiner Familie durch das Band der Verwandtschaft in innigste Be= ziehungen gebracht zu werden, kurz, Benta als Gattin erringen zu dürfen, für die ich eine warme und ehrliche Neigung empfinde."

„Mein lieber Freund Fridolin, ich freue mich, daß du dich frei und rückhaltslos mir gegenüber äußerst. Ebenso will ich dir antworten. Benta will, solange ich noch lebe, überhaupt nicht heiraten. Sie will durch die Pflichten der Ehe nicht von der Pflege ihres Großvaters abgelenkt werden. Diesen Ent= schluß hat sie freiwillig, ohne irgendwelche Beeinflussung schon gefaßt gehabt, bevor du in unser Haus kamst."

„Wie gern würde ich warten," warf der Gelehrte ein.

„Es würde dir nichts nützen, denn Venta wird später Or= man als Gatten wählen."

„Also hat mich meine Ahnung nicht betrogen," seufzte Frommherz.

„Sieh, mein Freund, es ist wirklich besser, du beherzigst meinen Rat und verzichtest auf eine Verbindung mit einer Tochter unseres Volkes. Vielleicht kommt einst noch die Stunde, wo du froh darüber sein wirst, über deine Person und deine Zukunft frei verfügen zu können."

„Dieser Verzicht auf meine schönsten Träume ist wirklich schmerzhaft," erwiderte Frommherz wehmütigen Tones.

„Das tut mir aufrichtig leid. Aber durch die Kraft der Selbstbeherrschung wirst du über das Gefühl des Schmerzes rasch hinwegkommen. Du bist mir sympathisch. In unserem Zusammenleben bewies ich dir dies. Und diese Sympathie wird dir auch ferner von mir gewahrt werden."

„Um eines bitte ich dich noch, ehrwürdiger Bentan, rede nicht mit Venta über das, was ich dir vorgebracht."

„Das hätte ich auch ohne deine Bitte nicht getan. Ich möchte nicht den harmlos schönen Verkehr zwischen dir und meiner Enkelin stören, sondern mich auch fernerhin an ihm erfreuen."

„Ich danke dir," erwiderte der Erdensohn, ergriffen von der schlichten Größe des Alten. Einer Regung des Herzens folgend, streckte er ihm die Rechte entgegen, die Bentan innig drückte.

Damit war Fridolin Frommherz' Liebestraum zu Ende. Es bedurfte aber seiner ganzen Kraft der Selbstüberwindung, um die Wunde, die seinem Herzen geschlagen worden war, nach

und nach zum Vernarben zu bringen. Und der Segen der Ar=
beit half ihm über seinen Kummer weg.

———

Fünftes Kapitel.

Die Doppelkanäle auf dem Mars.

Unterdessen war vom Stamme der Weisen die Wasserfrage
sehr energisch behandelt worden. Das, was Ventan dar=
über vor kurzer Zeit seinem Gaste erzählt hatte, sollte nun so=
fort ohne Verzug in Angriff genommen werden. Zum ersten
Male in seinem Leben sah der schwäbische Gelehrte mit stau=
nender Bewunderung die großartige Wirkung des Solidaritäts=
gefühles eines ganzen, großen, Millionen umfassenden Volkes.
Diese Wirkung flößte ihm geradezu Ehrfurcht ein. Sie offen=
barte ihm, zu welcher Höhe der Leistung die Humanität und
ihr Produkt, die Nächstenliebe, diese edelste der menschlichen
Tugenden, ausgedehnt werden konnten, wenn sie in Fleisch und
Blut eines sittlich und körperlich gleich gesunden Volkes über=
gegangen sind wie hier auf dem Mars.

Keine unnütze Klage, kein lauter Ton des Jammerns be=
wegte die gewaltigen Massen, die nun alle in den Dienst des
Großen und Ganzen, in den Kampf für das Wohl der Gesamt=
heit traten. Alle Lasten, alle Einschränkungen, die jedem ein=
zelnen durch die Ausführung der Riesenwerke auferlegt wurden,
trug dieser im stolzen Bewußtsein, daß er für alle einzutreten
habe, alle zusammen aber auch ihn wieder schützen würden. Das
ewige und felsenfeste Prinzip, der fundamentale und unverwüst=
liche Bestandteil der echten, natürlichen Moral, im Wohle, im

Gedeihen des Nächsten nur sein eigenes zu suchen und zu finden, zu wissen, daß die blühende Menschheit allein das Paradies, eine verkümmerte aber nichts anderes als die Hölle vorstelle, diese Grundsätze waren die organischen Triebkräfte der Marsiten. Und sie bewährten sich glänzend in diesen Zeiten der Gefahr.

Die sieben Stämme der Marsiten waren wie auf einen Zauberspruch hin in einen einzigen großen, den der Sorgenden, umgewandelt. Während die älteren, körperlich weniger leistungs=fähigen Männer die leichteren Arbeiten der Landwirtschaft, die Erziehung der Jugend und die Pflege der Gebrechlichen und Kranken übernahmen, trat die gesamte Masse der kräftigen Marsiten an die Ausführung eines zweiten Kanalsystems auf dem Lichtentsprossenen. Dank der Entwicklung und dem unver=gleichlich hohen Stande der technischen Wissenschaften bei den Marsiten konnte die ungeheure Arbeit mit Hilfe von Maschinen aller Art verhältnismäßig rasch gefördert werden. Längs den bisherigen Hauptkanälen wurden kleinere, schmälere angelegt und sorgfältig ausgemauert, um jedem nennenswerten Wasserverluste zu begegnen. In der Nähe der alten Riesensammelbecken wur=den neue, kleinere geschaffen. Um Verlusten durch Verdunstung an der Wasseroberfläche vorzubeugen, wurden die Sammelseen kuppelartig mit Asbestplatten überwölbt, titanenhafte Riesen=bauten, wie sie der Erdensohn hier zum ersten Male sah.

In den polaren Regionen, gegen den Nord= und Südpol zu, wurden Reihen enormer Stauwerke mit Schleusen angelegt, die die Wasserabgabe nach den neuen Kanälen und Sammel=becken genau zu regulieren hatten. Der Wasserbedarf wurde für die Zwecke des Acker= und Gartenbaues wie für den allge=meinen Verbrauch und Verkehr auf eine bestimmte Menge fest=gelegt, die ausreichen mußte.

Auch Fridolin Frommherz hatte Angola verlassen, um an dem Bau der neuen Kanäle tätigen Anteil zu nehmen. Hoch oben im Norden, dort wo der „Berg des Schweigens", die höchste Erhebung der nördlichen Marshemisphäre, seinen schnee= bedeckten Gipfel erhob, sollten ganz neue Abflußrinnen und Sammelbecken gebaut werden. Kein Tropfen des geschmolzenen Schneewassers sollte womöglich mehr verloren gehen. Der Schwabe kannte den Ort. Drei seiner ehemaligen Gefährten hatten vor Jahren kurz vor ihrer Rückkehr zur Erde den einsamen Berg bestiegen. Bis zum Fuße war er damals mitgekommen. Jetzt führte ihn das Luftschiff mit einer Anzahl jüngerer Marsiten, unter ihnen Zaran, ein Neffe des alten Eran, in jene dünn= bevölkerte, kühle nördliche Gegend.

Von dem Luftschiffhafen in Angolas Nähe stiegen sie auf, früh, sehr früh am Morgen. Noch schien der Traum der Nacht über den Wipfeln der nahen Waldriesen zu schweben. Tief= dunkelblau war der klare Himmel, als der Luftschiffhafen unter den Reisenden zu versinken schien. Bald erschienen ihnen die Zurückgebliebenen wie kleine Kinder. Dort drüben lag Angola mit seinen weißen Palästen. Wie Spielzeug, auf einen grünen Teppich gestellt, sahen die Häuser aus. Höher stieg das Luft= schiff, und weiter wurde der Horizont. Die große Gleichmäßig= keit in der Bebauung, der fast regelmäßige Wechsel von Feldern, Waldstrecken und kleineren Orten inmitten herrlichen Garten= landes, eine gewisse Gleichförmigkeit des meist flachen, nur von niederen Hügelreihen durchzogenen Geländes fiel Fridolin Frommherz von der weitschauenden Höhe herab ganz besonders auf.

Sie steuerten direkt nordwärts. Angola, das auf dem fünf= zehnten Grade nördlicher Breite lag, war längst verschwunden. Aus der subtropischen Zone, die auf dem Mars schon mit dem dreizehnten Breitengrade beginnt, waren die Reisenden in die gemäßigte Zone eingetreten. Fridolins Blick schweifte bald rückwärts, bald vorwärts in der Fahrtrichtung. Unter ihm schimmerten die Kanäle, die unzähligen Wasserstraßen der Marsiten, wie in flüssiges Silber getaucht. Motorboote schossen darauf nach allen Richtungen, doch meistens nordwärts. Das Luftschiff überholte sie alle, immer in gerader Richtung, kein Hindernis kennend, nicht Felder und Wälder, nicht Berg und Tal — das idealste aller Verkehrsmittel.

Schon jenseits des fünfunddreißigsten Breitegrades war die gemäßigte Zone überflogen. Es begann die spärlich bevölkerte kühle Region. Das war die Gegend, die die Wasserstraßen speiste, an deren Vorhandensein die Existenz der ganzen Marsbevölkerung gebunden war. Hier schauten des Erdensohnes Augen von oben herab ein Bild, das ihn fast heimatlich berührte: dunkle Wälder, mehr Nadelholz als Laubbäume, wechselten mit saftigen grünen Wiesen und schimmernden Seen. Gebirgszüge schoben sich dazwischen, deren höchste Gipfel mit Schnee bedeckt waren. Felder sah man immer weniger, je weiter man nach Norden kam. Größere Orte fehlten in dieser Gegend fast ganz. Nur weit auseinanderliegende, sehr kleine Kolonien von emsig arbeitenden Marsiten erblickten die Reisenden. Und noch immer flogen sie nordwärts ohne Aufenthalt. Jetzt hatten die Felder fast ganz aufgehört; doch sah man noch immer zahlreiche Viehherden auf kräftigen Bergweiden. Am späten Nachmittage grenzte sich ein besonders hoher Berg scharf vom Horizonte ab. Er stand isoliert. Mit einer dichten Schneekappe war seine stolze Pyramide verhüllt.

„Sieh dort," sagte Zaran zu Fridolin, „den Berg des Schweigens, unser Ziel!"

Wenige Häuſer ſtanden am Fuße des Bergrieſen. Das Luftſchiff hielt darauf zu und ging ſicher und ohne jede Schwan= kung dicht neben den Behauſungen auf einer Art Bergwieſe vor Anker. Ein ernſter, wortkarger Mann mit leicht ergrautem Haupt= und Barthaar trat den Reiſenden entgegen. Nach kurzem Gruße ſagte er: „Für Unterkunft iſt ſo gut wie möglich geſorgt," und wies auf einen langgeſtreckten Hüttenbau wenige Schritte von der Landungsſtelle des Luftſchiffes. Die Ankömm= linge dankten und zogen ſich in ihr reinliches, luftiges Maſſen= quartier zurück, wo ſie alles zu ihrer Bequemlichkeit Erforderliche ſowie Lebensmittel aller Art in ausreichendem Maße vorfanden. Von den übrigen Bewohnern dieſer kleinen Kolonie hatten ſie niemand geſehen. Wie wenig neugierig doch die Leute hierzu= lande waren!

Der Erdenſohn ſchlief in der reinen Bergluft vorzüglich. Bei Tagesgrauen ſollte die Arbeit beginnen. Früh am andern Morgen ſtand Fridolin Frommherz am Fuße des Berges und betrachtete ihn genau. Steil fielen ſeine Hänge zur Talſohle ab. Die Bergwieſen hörten bald auf. Schwärzlicher Sand, das Produkt verwitterter Lava, trat dem Auge allenthalben entgegen. Es war gewiß nicht leicht, dieſen Rieſen zu erklimmen. Und wie viel ſchwerer mußte es noch ſein, die zur Arbeit notwendigen Werkzeuge und Maſchinen bis zu ſolch ſchwindelnder Höhe hinaufzuſchaffen!

„Komm, Freund," rief da Zaran dem Sinnenden zu, „das Luftſchiff iſt bereit!"

„Das Luftſchiff?" wiederholte Fridolin erſtaunt.

„Nun ja, es ſoll uns und die übrigen Arbeiter zur Höhe befördern."

Alſo kein mühſames, ermüdendes Erklimmen des Bergrieſen,

wie Fridolin gedacht! Hinaufgetragen zu werden, war freilich
bequemer und ging rascher von statten.

Sie stiegen ein, ihre Reisegefährten vom gestrigen Tage mit
ihnen und ebenso der wortkarge Marsite, der sie am Abend zuvor
empfangen und begrüßt hatte. Rasch wich die Talsohle unter
ihnen zurück, ein wunderbar leuchtend grünes Bild im Lichte der
aufgehenden Sonne. Kerzengerade stiegen sie in die Höhe.
Mit vollendeter Sicherheit arbeitete das Höhensteuer. Lautlose
Stille lagerte auf dem Berge des Schweigens, der seinen Namen
mit vollem Rechte zu tragen schien. Weder Mensch noch Tier
war zu sehen; nicht einmal das Rauschen eines auf dieser Seite
zu Tale plätschernden Baches vernahm das lauschende Ohr.
Auch die Reisenden waren schweigsam. War es der Eindruck,
den die schweigende Natur auf ihre Gemüter machte, oder
war es der Ernst der bevorstehenden Arbeit, der sie bereits in
seinem Banne hielt?

Schon nach zweistündigem Steigen hatte das Luftschiff die
Höhe des Berges erklommen, noch eine Schwenkung nach Osten
— nun ließ es sich leicht und sicher in einer Mulde unterhalb
des Gipfels nieder. Die Reisenden stiegen aus. Da lag neben
ihnen im Krater des früheren Vulkans ein smaragdgrüner, mit
Blumen umsäumter See. Warm fühlte sich hier der Boden
an, und keine Spur von Schnee war zu finden. Somit schien
die vulkanische Tätigkeit des Berges noch nicht ganz erloschen
zu sein. Aber kaum hundert Schritte weiter, da schlugen wieder
Eis und Schnee den Boden in ihre Fesseln.

Hier oben hatte die Arbeit der Marsiten bereits begonnen.
Da waren Menschen und Maschinen in voller Tätigkeit. Es
galt, dem Abfluß des Sees eine neue, schmälere, ausgemauerte
Rinne zu schaffen, in der kein Tropfen des so kostbar gewor=

denen Wassers mehr versickern konnte. Dann sollte der kleine
Kratersee selbst mit Asbestplatten überwölbt werden, um das
Verdunsten seines warmen Wassers möglichst zu verhindern.
Der wortkarge Marsite, der die neue Arbeitskolonne hierhergebracht, aber während der ganzen Fahrt keine Silbe gesprochen,
nur in tiefem Nachdenken vor sich hin geschaut hatte, wies jetzt
jedem seinen Arbeitsplatz an. Fridolin führte er zu einer neuen
Maschine, die von ihm allein bedient werden sollte. Es war
eine Art Trockenbagger, womit der Boden in der bereits ab-
gesteckten Linie für die neue Wasserrinne ausgehoben werden
sollte. Der Erdensohn, der als ehemaliger Theologe von Maschinen-
technik so gut wie gar nichts verstand und an körperliche Arbeit
nicht gewöhnt war, sah etwas zaghaft auf die vor ihm stehende
große eiserne Maschine. Mit kurzen, klaren Worten erklärte
ihm der Marsite deren Handhabung. Die Aushebungsvorrich-
tung war automatisch und regulierte sich bei richtiger Einstellung
von selbst. Mit scharfer Kante versehene Eimer schleiften dicht
auf dem Boden und brachten, ebenfalls automatisch, das los-
gelöste Material hoch und ließen es auf die Ablagerungsflächen
gleiten. Trotz ihrer dauerhaften Konstruktion war die Maschine
außerordentlich leicht beweglich, was teils einer sinnreichen Vor-
richtung, teils der geringeren Schwere infolge des verminderten
Luftdrucks zuzuschreiben war. So war es für den Erdensohn
nicht allzu schwer, den merkwürdigen Bagger allein zu bedienen.

Fridolin arbeitete und wunderte sich dabei, wie leicht ihm
alles wurde. Solche Muskelkraft hatte er auf Erden nie be-
sessen. Es war doch etwas Schönes um die verminderte Schwere.
Freilich trat in der ganz außerordentlich dünnen Luft auf solcher
Bergeshöhe lebhafteres Atmen, eine höhere Spannung der Blut-
gefäße ein; aber er gewöhnte sich rascher, als er selbst ge-

an diese Erscheinungen. Nur eins blieb ihm immer gleich
sonderbar und wollte ihm nicht recht gefallen: das war die be=
deutend abgeschwächte Stimme. So dünn war hier oben die
Luft, daß sie den Schall nur noch schwach verbreitete. Sogar
die Arbeit all der wackern Männer nahm dem „Berge des
Schweigens“ seinen Charakter nicht.

Und nun reihten sich die langen Tage rastloser Arbeit vom
Sonnenaufgang bis zu ihrem Untergange. Nicht nur dem See
wurde eine neue Abflußrinne gegraben, den ganzen Berg von
der Schneegrenze bis zu seinem Fuße durchfurchten bald solche
auszementierte Rinnen, die zu tieferen Rinnsalen zusammenflossen
und sich zeitweilig in überwölbten Becken sammelten. Der schweig=
same Marsite überwachte alle diese Arbeiten; überall kontrollierte
er, ordnete er an, und ein jeder fügte sich seinen Befehlen.

„Wer ist der seltsame Mann?“ hatte der Erdensohn schon
am ersten Tage gefragt, und als es Feierabend wurde, hatte
ihm Zaran seine Geschichte erzählt:

„Du weißt, Freund Fridolin, daß die polaren Regionen
unseres Lichtentsprossenen, im Norden wie im Süden, fast aus=
schließlich von unsern Gesetzesübertretern bewohnt werden. Wer
sich gegen seinen Bruder, gegen das allgemeine Wohl verfehlt,
muß seinen Fehltritt durch Arbeit für die Allgemeinheit wieder
sühnen. Während dieser Zeit wird sein Name aus den Listen
unserer Stämme gestrichen. Namenlos zieht er dorthin, wo
unsere Wasserstraßen ihren Ursprung nehmen. Da unsere ganze
Existenz von der Erhaltung des Wassers abhängt, ist das In=
standhalten unserer Wasserläufe die wichtigste Arbeit für das
Gemeinwohl. Dieser Arbeit haben sich somit unsere Brüder
ohne Namen zu unterziehen. Es ist dies die einzige Strafe, die
wir kennen. Nach einer dem Maße seiner Übertretung ent=

sprechenden Zeit guter Führung steht es dem hierher Verwiesenen
frei, wieder zu seiner Familie zurückzukehren. Viele aber ziehen
es vor, hier zu bleiben und ihr ganzes Leben fortan in den
Dienst ihrer Brüder zu stellen. Das tat auch der, nach dem
du mich vorhin fragtest. Mutan hieß er und gehörte dem Stamme
der Findigen an. Ich kenne ihn von Lumata her, wo er unser
Nachbar war. Doch war er in seiner Jugend dem Ernste des
Lebens abgeneigt und allzuviel auf sich selbst bedacht. Seine
Pflichten gegen die Gesamtheit erfüllte er so mangelhaft, daß
er in die Region der Vergessenen verwiesen wurde. Hier ist
ein anderer aus ihm geworden. Der Ernst des Lebens hat ihn
gepackt und ihn so sehr von seiner hohen Aufgabe, der Arbeit
für seine Brüder, durchdrungen, daß er es ablehnte, wieder nach
Lumata heimzukehren. Er blieb im Lande der Vergessenen, an
dem Orte, wo die Arbeit einen ganzen Mann aus ihm gemacht.
Er hat uns seither mit den großartigsten Erfindungen auf tech=
nischem Gebiete überrascht. Wo es eine besonders schwierige
Aufgabe zu lösen gibt, versucht sich Mutan daran. Seinem
scharfen Verstande, seiner außerordentlichen Geschicklichkeit scheint
nichts zu schwer. Die Maschine zum Beispiel, an der du vorhin
arbeitetest, hat er ebenfalls erfunden. Und du wirst noch viel
Großes von ihm schauen."

Fridolin Frommherz hatte schweigend zugehört. Zarans
Erzählung hatte einen eigentümlichen Eindruck auf ihn gemacht.
Dieser Mutan, dessen ernstes, kluges Antlitz ihn merkwürdig
fesselte, hatte nichts anderes getan, als „zu viel an sich gedacht".
Und er, Fridolin? Hatte nicht auch er „zu viel an sich gedacht",
als er seine Gefährten verlassen hatte und auf dem Lichtentsprossenen
zurückgeblieben war? Wenn man ihn mit solchem Maße messen
wollte, dann müßte er auf die Erde zurückkehren und dort den

Reſt ſeiner Tage dem Dienſte der Menſchheit weihen, die er eigenmächtig verlaſſen hatte.

Raſch ſchüttelte Fridolin Frommherz jedoch dieſen Gedanken ab. Nein, der Lichtentſproſſene war jetzt ſeine Heimat, die Mar- ſiten die Brüder ſeiner Wahl; zu ihnen gehörte er, und ihnen diente er auch jetzt in den ſchweren Tagen ihres Exiſtenzkampfes. Aber ſooft er Mutan begegnete, kehrte der Gedanke an ſeine Verpflichtungen gegen die Erde zurück.

Wunderſchön war es für Fridolin, in den klaren Nächten das Polarlicht mit ſeinen zuckenden Strahlen und wechſelnden Farben zu beobachten. Noch lieber aber ſah er von ſeiner weitſchauenden Höhe nach der Erde aus. Als hellſter der Sterne hing ſie am nächtlichen Firmamente, ſtets von ihrem treuen Trabanten gefolgt, der als winziges Sternlein bald rechts, bald links von ihr erſchien, da in ihren Strahlen verſchwindend, nach einiger Zeit dort wieder auftauchend, in ſtändigem Wechſel. Freilich, wenn die Erde in Marsnähe war, dann war ſie nur als ſchmale Sichel ſichtbar; aber gerade die Beobachtung ihrer Phaſen war für den Erdenſohn beſonders intereſſant. Schon mit bloßem Auge war ein deutliches Zu- und Abnehmen zu ſehen, mit den außerordentlich ſcharfen Inſtrumenten der Mar- ſiten aber waren nicht nur die Beleuchtungsverhältniſſe, waren auch Erdteile und Meere, ja ſelbſt die größeren Länder zu er- kennen. Wie oft grüßte der Schwabe vom Berge des Schweigens aus mit dem Auge die deutſche Heimat! Eine eigentümliche Erſcheinung fiel ihm beim Beobachten der Erde durch das Teleſkop des öfteren auf: er ſah deutlich, daß die Strahlen der Sonne auch noch nach ſolchen Punkten der Erdoberfläche hin- drangen, für die ſie eigentlich ſchon untergegangen ſein mußte. Er befragte Zaran darüber.

„Das kommt von der Dichte eurer Atmosphäre her," meinte dieser. „Je dichter die Luftschicht ist, desto mehr bricht sie die einfallenden Lichtstrahlen. Diese Lichtbrechung ist bei der Be= obachtung entfernter Weltkörper geradezu ein Beweis für das Vorhandensein einer Atmosphäre. Laß uns das Teleskop ein= mal nach einem unserer Monde richten. Sieh, dort geht uns Phobos heute schon zum zweitenmal auf! Siehst du etwas von einer Lichtstrahlenbrechung?"

„Nein," erwiderte Fridolin, „da fällt die Erscheinung ganz weg."

„Weil die kleinen Monde in der Regel ihre Atmosphäre nicht festzuhalten vermögen, euer Erdtrabant so wenig wie Phobos und Deimos. Dort drüben steht Venus. Versuch es einmal bei jenem fernen Kinde des Lichts!"

„Die Erscheinung ist wieder da," rief Fridolin erfreut, „und zwar in noch höherem Maße als bei der Erde."

„Die Venus=Atmosphäre scheint etwas dichter als die irdische zu sein."

So brachten auch die Abende dem Erdensohne gar vieles Schöne, Neue und Interessante.

Nach wenigen Wochen schon war der ganze Berg des Schweigens kanalisiert. Die Arbeitsmaschinen hatten geradezu Wunderbares geleistet; die Kraft der Männer war sehr geschont worden. Nach und nach war die Arbeitskolonie mit sämtlichen Maschinen zu Tale vorgerückt. Aber da fanden die Ankömm= linge nicht mehr die einsame Region vor, die sie verlassen. Zu Tausenden und Abertausenden schafften hier die Marsiten, die sonst die nördliche gemäßigte oder die tropische Zone bewohnten. Überall, soweit das Auge schaute, waren bereits die neuen Kanäle ausgehöhlt, die breiten Hauptadern wie die viel hundertfachen

Verzweigungen angelegt. Maschinen waren da aufgestellt, die der Erdensohn nie zuvor gesehen, und deren Zweck ihm doch jedesmal bei genauem Anschauen fast von selbst offenbar wurde, so genial einfach und praktisch war alles, was auf dem Licht= entsprossenen erdacht und konstruiert wurde. Rasch schritt das Auszementieren des neuen Kanalnetzes vorwärts. Die Arbeit drängte, stand doch der lange polare Winter vor der Tür. Vor seinem Eintritt sollte die Kanalisierung bis zur gemäßigten Zone vorgeschritten sein. Dort würde man noch lange arbeiten können, wenn die arktischen Zonen schon in Eisesfesseln lagen. Und hinderte der strenge Marswinter die Arbeit auch dort, dann kanalisierte man den Tropengürtel, der kein Eis kannte.

Aber noch aus einem andern Grunde drängte die Arbeit: das Wasser war wie alles andere auf dem Lichtentsprossenen spezifisch leichter als auf der Erde. Es kochte schon bei sechzig Grad, war folglich auch rascherem Verdunsten ausgesetzt, und dem mußte so schnell wie möglich entgegengearbeitet werden. Natürlich war das Wasser infolge seines geringeren spezifischen Gewichtes auch minder tragfähig; aber das konnte hier nicht in Betracht kommen, standen doch die Schiffe, die in raschem Laufe auf seinem Rücken dahintrieben und die Arbeitenden mit allem Notwendigen versorgten, ebenfalls unter dem Einfluß der geringeren Schwere. Charakteristisch für das Wasser auf dem Lichtentsprossenen waren auch die gewaltigen Wellen, die sich nicht nur auf dem großen Ozeane, der einen Teil der Südhalb= kugel deckt, — das einzige ausgedehnte Wasserbecken auf dem Mars, — sondern auch auf den kleineren Seen der Nordhalb= kugel beim geringsten Anlaß bildeten. Die im Vergleich zur Erde bei weitem leichteren Wassermoleküle unterlagen geringerer Anziehung der Masse ihres Weltkörpers und stiegen deshalb

oft durch den einfachen Vorgang der Wellenbildung ohne be=
sonders heftigen Wind oder gar Sturm zu ganz außerordent=
licher Höhe empor. Diesen Vorgang beobachtete Fridolin Fromm=
herz ganz besonders gern.

Als dann der Winter die polaren Zonen auf dem Mars
in Eisesfesseln schlug, waren die hauptsächlichsten Arbeiten in
diesen Gegenden vollendet, die Arbeiter bereits in die gemäßigte
Zone übergegangen. Nie hätte es sich früher der Erdensohn
träumen lassen, daß man solche Riesenbauten in so kurzer Zeit
durchführen könnte. An einem einzigen Kanale auf Erden wurden
oft zehn, fünfzehn und noch mehr Jahre gebaut; hier waren
Hunderte von Kanälen in der kurzen Zeit eines polaren Mars=
sommers — doppelt so lang wie ein irdischer Sommer in arkti=
schem Gebiete — hergestellt worden; aber nicht nur Hundert=
tausende, sondern Millionen hatten da mitgearbeitet. Die
Solidarität der Marsiten hatte ein Wunder vollbracht.

Ganz eingestellt wurden die Arbeiten der Marsiten in den
polaren Gegenden auch im Winter keineswegs. Die Hauptsache
war vollendet; doch galt es, da und dort noch die letzte Hand
anzulegen. Auf vorzüglich gebauten, äußerst leichten Segelschlitten
glitten die Männer über die Eisflächen bald dahin, bald dort=
hin. Die Schlitten waren gefüttert und mit einem Zeltdache
zum Schutze gegen scharfe Winde versehen. Übrigens war die
Kälte, obgleich sie bedeutende Grade erreichte und bis sechzig
Grad unter den Nullpunkt sank, leicht zu ertragen, weil die Luft
vollkommen trocken, frei von Wasserdampf war. Auf ihren
eisernen Kufen glitten die Schlitten dahin wie auf Schlittschuh=
eisen. Das Segelwerk, das aus einer Brigantine und einem
Klüversegel bestand, gestattete die Benützung jeder Windrichtung,
und wenn es so eingestellt war, daß der Schlitten mit vollem

Rückenwinde fahren konnte, war die Geschwindigkeit des leichten
Fahrzeuges staunenerregend. Es flog förmlich dahin und schien
kaum mehr den Boden zu berühren.

Der Schwabe aber zog in diesen Wintertagen mit der Mehrzahl der Marsiten erst in die gemäßigte, dann in die äquatoriale
Region, das große Werk fortführend, das in den Polgebieten
begonnen worden war.

Und als die ungeheure Arbeit nach Jahr und Tag glücklich beendet und die alten sozialen Verhältnisse wiederhergestellt
worden waren, da zeigte sich die segensreiche Wirkung der Arbeit
aller für alle: die vielen und großen Landstrecken, die aus
Mangel an Wasser seit längerer Zeit schon brach lagen, sie wurden
nun wieder produktiv und lieferten Nahrung. Gärten, die schon
verödet waren, erwachten zu neuem grünendem und blühendem
Leben.

Überall auf dem Lichtentsprossenen waren alle damit beschäftigt, die letzten Spuren der Wassersnot zu verwischen, der
Landschaft wieder ihr altes, glanzvolles Gewand zurück-
zugeben. Auch der Schwabe hatte an dem Werke des Gemein-
wohles redlich mitgearbeitet, hatte mitgegraben, mitgemauert und
mitgehämmert. Die Arbeit kam ihm anfänglich schwer und
sonderbar vor, mit der Zeit aber gewöhnte er sich an seine neue
Art der Beschäftigung. Und diese, verbunden mit dem leb-
haften Verkehr mit Marsiten aller Klassen, hatte nach und nach
in Frommherz eine große innere Umwandlung hervorgebracht.
Hohe Gedanken bewegten ihn.

Das einzigartige Beispiel der Solidarität, das dem Erdensohne hier oben geboten worden, die zarte Sympathie jedes einzelnen Marsiten für seinen Mitbruder, eine Sympathie, die sich
überhaupt auf alle fühlenden Wesen erstreckte, hatte ihn zu

tiefem Nachdenken angeregt. Er erkannte, daß auf dem Licht=
entſproſſenen die höchſte Stufe der moraliſchen Kultur tatſäch=
lich erreicht war. Er begriff jetzt, daß in dem Maße, in dem
die Gefühle der Liebe und Sympathie und die Kraft der Selbſt=
beherrſchung durch die Gewohnheit verſtärkt werden und das
Vermögen des Nachdenkens klarer wird, auch der Menſch in
den Stand geſetzt wird, die Gerechtigkeit der Urteile ſeiner Mit=
menſchen zu würdigen. Erſt dadurch vermag dann ein Menſch,
unabhängig von den Gefühlen der Freude oder des Schmerzes,
die er einen Augenblick hindurch empfindet, ſeinem Benehmen
eine gewiſſe beſtimmte Richtung zu geben.

So war jeder Marſite, dank der ſorgfältig geleiteten Ent=
wicklung ſeiner Geiſteskräfte und der natürlichen Moral, gewiſſer=
maßen der wirkliche und wahre Richter ſeines eigenen Betragens.
Was den ſchwäbiſchen Gelehrten früher bei den Marſiten rein
äußerlich ſchon ſo ſympathiſch berührt und mit geheimnisvoller
Macht angezogen hatte, er hatte nun in den Jahren der ge=
meinſamen Arbeit mit ihnen den Schlüſſel zu dieſem wahren,
wiſſenden, freien und edlen Bruderbunde gefunden. Die geſunde
Harmonie zwiſchen Selbſtliebe und Nächſtenliebe, das war die
Urſache der wunderbaren Moral und des Blühens des Bruder=
volkes auf dem Mars. Und Frommherz dankte dem Geſchick,
das ihn zu dieſem Volke gebracht, wo er ſo unendlich viel zu
lernen vermocht und ſich ſelbſt zu echter Menſchenwürde hinauf
entwickelt hatte. Langſam zog in ihm ein Sehnen ein, der
Apoſtel wahren Menſchentums auf der Erde zu werden. Dort
beſaß er einen Freund, der Ähnliches einſt gewollt. Damals
hatte er ihn nicht verſtanden. Jetzt wünſchte er dem Beiſpiele
Siegfried Stillers, des ausgezeichneten Freundes und Mannes,
zu folgen.

Aber zunächst trat ein Ereignis ein, das das Volk des
Mars, das soeben an Körper und Geist frisch verjüngt aus dem
gewaltigen Kampfe um seine vornehmste Existenzbedingung sieg=
reich hervorgegangen war, in aufrichtige Trauer versetzte. Anan,
der Älteste der Alten, der Vorsteher des Stammes der Weisen,
hatte den Tribut dem Alter entrichtet und war sanft entschlafen.
Ein inhaltsreiches Leben voll Licht und Segen war damit zu
natürlichem Abschlusse gelangt. Vertreter aller Stämme eilten
nach Angola, um Anan die letzten Ehren zu erweisen und Zeugen
der Beisetzung seiner Asche in Angolas Ehrenhalle zu sein, dem
Pantheon der Marsiten.

„Dem Boden keine Leichen! Rasch verlodernde Glut um=
fange auf dem Lichtentsprossenen die erkalteten Schläfen!" Diese
Art der Bestattung war auf dem Mars üblich. Sie galt als
die allein würdige und wurde auch als bester Trost für die Hinter=
lassenen betrachtet. Am dritten Tage nach dem Tode Anans,
als die untergehende Sonne mit ihren letzten Gluten purpur=
farbene Tinten an den Himmel malte, wurde der offene Sarg
mit dem Entschlafenen zur Feuerstätte getragen. Dem flammenden
Abendrote gleich, sollte auch Anan leuchtend eingehen in den
Schoß der Ewigkeit. Ergreifende Musik wechselte auf dem Wege
mit dem Gesange von Trauerliedern.

Als die Nacht hereingebrochen und Anans Asche in eine
Urne von schwarzem Marmor gesammelt worden war, wurde
diese unter Fackelbeleuchtung nach der Ehrenhalle gebracht, um
hier beigesetzt zu werden. „Den Geschiedenen zur Ehre, den
Lebenden zum Vorbild," das waren die Worte, die in goldenen
Lettern über der säulengetragenen Vorhalle prangten, die zu der
herrlichen Stätte ewigen Friedens der hervorragendsten Marsiten
führte. Eine kleine Nische nahm die Urne auf, und auf einer

Marmortafel eingemeißelt befand sich ein kurzer Auszug aus Anans Leben und Wirken. Das Bruderlied der Marsiten, von allen gesungen, schloß die Feier.

Sechstes Kapitel.

Ein tapferer Entschluß.

An die Stelle Anans trat Bentan. Das Leben in Angola bewegte sich wieder in den alten, vornehm ruhigen Bahnen der Gleichmäßigkeit. Der Gelehrte hatte sein Werk vollendet. In der ersten feierlichen Versammlung des Stammes der Weisen unter Bentans Vorsitz übergab der Erdensohn sein fertiges Wörterbuch der deutsch-marsitischen Sprache, eine Arbeit von über elf Jahren nach Erdenmaß. Der Dank der Weisen wurde ihm für seine anerkennenswerte Leistung ausgesprochen.

Frommherz war lange mit sich zu Rate gegangen, ob er diesen Augenblick des Abschlusses und der Übergabe seines Werkes nicht dazu benützen solle, dem ihn mehr und mehr beherrschenden Wunsche nach Rückkehr zur Erde passenden Ausdruck zu verleihen. Nach längerem Schwanken entschloß er sich dazu. Mit Bentan selbst hatte er noch nicht darüber gesprochen. Er fand es für besser, zuerst vor den versammelten Vertretern des Stammes der Weisen sein Anliegen vorzubringen und nachher mit Bentan das Nähere zu beraten.

Am Schlusse der Sitzung bat Frommherz um das Wort. In längerer Rede schilderte er, wie sich bei ihm nach und nach der Wunsch entwickelt habe, dahin wieder zurückzukehren, von

wo er einst hergekommen war. Nachdem nun seine Aufgabe
hier auf dem Lichtentsprossenen erfüllt sei, auf dem er so un=
endlich viel gelernt, habe er sich eine andere schwere Aufgabe
gestellt: in seinem engeren wie weiteren Vaterlande unten auf
der Erde eine aller Übertreibung ferne und daher auch allein
vernünftige Nächstenliebe in der Weise zu lehren, wie sie hier
oben ausgeübt werde, Jünger für seine Lehre zu werben und
den Versuch zu machen, diesen praktischen und segensreichen
Altruismus der Marsiten in der öffentlichen Meinung seiner
alten Heimat mehr und mehr einzubürgern. Der fragwürdigen
Kultur der Gegenwart mit ihrer Lüge und rohen Selbstsucht
wolle er im Vereine mit andern energisch entgegentreten und
gegen sie kämpfen, damit den später geborenen Geschlechtern
endlich ein Leben der Wahrheit, der Nächstenliebe und des Froh=
mutes beschieden sein möge. Die Menschlichkeit werde dann eine
wirklich vollendete Tatsache, nicht mehr bloß ein Begriff und
nur in Gedanken vorhanden sein.

„Erst langsam, Schritt für Schritt erklomm ich unter eurem
Einflusse den Weg zur sonnenbeschienenen Höhe abgeklärter
Lebensauffassung," fuhr Frommherz fort. „Nun erst verstehe
ich voll und ganz auch die Handlungsweise meiner Freunde, als
sie von hier fortzogen, während ich damals wähnte, daß sie eine
übereilte Tat, eine unentschuldbare Torheit begangen hätten.
Eine späte Erkenntnis, nicht wahr? Würde ich nicht eure Ge=
sinnungen, eure hohe Denkweise genau kennen, so würde ich die
Frage einer Rückkehr niemals zur Sprache gebracht haben. So
aber weiß ich, daß ihr meine Handlungsweise von heute begreift.
Ich bin gewiß, daß ihr meine Bitte in ernste Erwägung ziehen
und sie auch gern erfüllen werdet, falls ihr nicht Unmöglich=
keiten der verschiedensten Arten entgegenstehen, die ich nicht zu

beurteilen vermag." Mit diesen Worten schloß Fridolin Fromm=
herz seine Rede, die von der Versammlung mit großer Auf=
merksamkeit angehört worden war.

„Zieh dich für einige Augenblicke zurück, lieber Freund
Fridolin. Wir wollen sofort über dein Anliegen beraten und
werden dich nachher rufen lassen, um dir unsere Entscheidung
mitzuteilen," bat Bentan freundlich.

Der Erdensohn gehorchte. Seine Stimmung war eine ge=
hobene, fast stolze, als er den Saal verließ, um im Garten vor
dem Palaste umherzugehen, bis er zur Entgegennahme der Ant=
wort auf seine Rede wieder gerufen werden sollte. Wie ganz
anders empfand er doch heute als vor mehr denn elf Jahren
am gleichen Orte! Bedrückt, wirr, unsicher, zerfallen mit sich
selbst und seinen Freunden, im Kampfe widersprechendster Ge=
fühle war er damals aus dem Saale fortgegangen, und heute
beherrschte ihn eine tiefe Genugtuung darüber, daß er sich endlich
selbst wiedergefunden und den Vorschlag des Fortgehens vom
Mars von sich aus, freiwillig gemacht hatte. Er konnte in der
Zukunft den Marsiten nichts mehr von wirklicher Bedeutung
bieten als Gegenwert für die an ihm geübte großartige Gast=
freundschaft. Dies sah er klar ein. Die Tat seiner Freunde
erschien ihm heute in ihrer vollen sittlichen Größe. Ob sie wohl
damals die Erde, die Heimat wieder erreicht hatten, die Tapfern?
Ob er sie wiedersehen würde?

In dem Maße, als er sich selbst mit dem Gedanken der
Rückkehr vertraut gemacht hatte, beschäftigte er sich auch mehr
mit den fernen Freunden. Die Gefahren und Entbehrungen
der Reise durch den Weltenraum schlug Frommherz nicht mehr
so hoch an. Die Erinnerung an die Leiden der Herfahrt war
bei ihm im Laufe der vielen Jahre ziemlich verblaßt. Auch ver=

traute er der technischen Überlegenheit der Marsiten, die sie so
oft schon bewiesen, daß er an einem richtigen Gelingen der Reise
nicht im geringsten zweifelte.

Trotz seiner fünfzig Jahre, die der Gelehrte nun zählte,
sprang er noch elastischen Schrittes die breite Treppe hinauf,
die zum Saale führte, als er gerufen wurde. Feierliche Stille
herrschte in dem großen Raume. Die wohlwollenden Blicke
der Alten ließen den Schwaben einen günstigen Ausgang seiner
Sache hoffen.

„Mein lieber Freund und Bruder," begann Bentan zu
sprechen. „Dein Entschluß, zur Erde zurückzukehren, um dort
in der uns geschilderten Weise tätig zu sein, ehrt dich und findet
auch unsere vollste Billigung. Er hat uns mehr erfreut als
überrascht, denn wir alle, Anan schon vor Jahren, sahen voraus,
daß du dauernd bei uns doch nicht bleiben würdest. Dein Ent=
schluß hat uns deshalb besonders gefreut, weil er uns beweist,
daß du gleich deinen Gefährten, die bei uns geweilt, derselbe
wackere Mann und Schwabe bist, für den wir dich immer hielten.
Wir werden uns mit dem Stamme der Findigen und der Ernsten
in Verbindung setzen, damit deinem Wunsche so bald wie mög=
lich entsprochen werden kann. Du sollst zu jenem fernen Kinde
des Lichtes gebracht werden in ähnlicher Weise, wie du einst von
dort zu uns kamst. Und nun kann ich dir im Namen meiner
Brüder hier eröffnen, daß wir beschlossen haben, dein Bild und
die Gedenktafel nach deiner Abreise an der Stelle dieses Saales
anbringen zu lassen, die hiefür schon so lange vorher bestimmt
war." Ein feines Lächeln huschte bei diesen Worten über Bentans
geistvolles Gesicht. „Die sieben Schwaben, die einzigen Erden=
söhne, die je auf dem Lichtentsprossenen gewesen und auf ihm
gelebt, sie sind dann im Bilde und in der Erinnerung für immer

bei uns harmonisch vereint. Von Herzen wünschen wir dir schon
jetzt, daß du die trauten Stätten deiner Kindheit und Jugend
nach so langer Abwesenheit glücklich wiedersehen mögest. Glaube
mir, lieber Freund Fridolin, niemand reißt sich ungestraft aus
dem Boden, aus dem er entsprossen, und in dem allein die festen
Wurzeln seiner Existenz liegen. Die Wahrheit dieses Satzes
hast du ja auch an dir selbst erfahren dürfen. Triffst du deine
sechs Freunde und Brüder unten auf der Erde gesund wieder
an, was wir hoffen wollen, so überbringe ihnen unsere innigsten
Grüße. Sage ihnen, daß wir ihr Andenken in hohen Ehren
halten, und daß wir es einem heiligen Vermächtnisse gleich
ungeschmälert unsern Nachkommen überliefern werden. Zieh hin
in Frieden, mein Freund! Bewahre auch du uns nach deiner
Abreise dieselbe treue Gesinnung, die wir dir stets bewahren
werden."

Nach Bentan erhob sich Eran, der die Last seiner Jahre
noch mit erstaunlicher Kraft trug und von seiner Geistesfrische
noch nicht das geringste eingebüßt hatte.

„In der Nähe von Lumata sind die kühnen Erdensöhne
einst mit ihrem Luftschiffe angekommen," sprach er. „Von dort
aus haben sie auch, bis auf Freund Fridolin, die Heimreise angetreten, nachdem sie lange Zeit meine lieben Gäste gewesen.
Und so möchte ich nun die Bitte aussprechen, daß die Rückkehr
des letzten Schwaben ebenfalls von jener historischen Stätte in
Lumata aus erfolgen möge. Bis zu seiner Abreise lade ich
Freund Fridolin ein, bei mir wieder sein altes Heim beziehen
zu wollen."

„Deiner Einladung, ehrwürdiger Eran, leiste ich gern Folge,"
antwortete der Gelehrte.

„Gut, so soll auch der Bitte unseres Bruders Eran ent-

ſprochen werden und die Abfahrt ſo bald wie möglich von Lumata
aus ſtattfinden," entſchied Bentan.

Am Abend des denkwürdigen Tages ſaß Fridolin Fromm=
herz zum letzten Male mit Bentan auf der Terraſſe von deſſen
Hauſe. Morgen wollte er Angola verlaſſen, um mit Eran zu=
ſammen nach Lumata zu ziehen.

„Habe ich dich nicht heute mit dem Entſchluſſe meiner Rück=
kehr zur Erde überraſcht?" fragte er ſeinen Gaſtgeber.

„Durchaus nicht!" entgegnete Bentan ruhig. „Ich er=
wartete die Äußerung dieſes Wunſches und finde, daß du für
ihn ſehr geſchickt den richtigen Augenblick gewählt haſt."

„Ja, der Gedanke, den Lichtentſproſſenen zu verlaſſen, hat
unendlich lange Zeit bei mir zum Reifen gebraucht," erwiderte
Frommherz.

„Das wirklich Gute bedarf immer einer angemeſſenen Zeit
zur Entwicklung."

„Gewiß! Ob ich nicht aber ſchon früher hätte fortziehen
ſollen?"

„Ich glaube nicht. Ich habe den Eindruck, daß du zur
richtigen Zeit den richtigen Weg gefunden haſt. Deine Arbeit
hier iſt vollendet. Du warſt uns auch nebenbei in den Jahren
der Gefahr und Not ein ſchätzenswerter, fleißiger Beiſtand.
Und jetzt, wo du dich uns gegenüber durch deine Gegenleiſtungen
von jeder moraliſchen Verpflichtung gewiſſermaßen befreit haſt,
konnteſt du deiner Bitte auch den berechtigtſten Ausdruck ver=
leihen."

„Es freut mich aufrichtig, daß du ſo denkſt, ehrwürdiger
Bentan."

„Nun, mein lieber Freund Fridolin, biſt du jetzt nicht ſelbſt
froh darüber, daß ich dir einſt abriet, eine Ehe hier einzugehen?

Vom Mars zur Erde.   Seite 67.

Sieh, damals schon ahnte ich das, was heute gekommen ist. Ich wies auf die Stunde hin, die möglicherweise erscheinen könnte, in der du gern frei über deine Person verfügen möchtest. Heute hat diese Stunde geschlagen."

„Du warst der sie Ahnende, der Weitsichtige, dafür danke ich dir. Aber trotzdem, als Gatte Bentas würde ich wohl nie= mals den Gedanken einer Rückkehr gefaßt haben."

„Nicht du ihn, er aber dich. Doch gleichviel, es ist gut so, glaube es mir, lieber Fridolin," erwiderte Bentan lächelnd.

„Benta, mein Kind, komm zu uns," bat der Alte seine Enkelin, die soeben auf der Terrasse erschien, um nach dem Groß= vater zu sehen. „Bringe deine Harfe und erfreue uns mit deinem Spiele. Es ist, wie du ja weißt, Freund Fridolins letzter Abend, den er hier bei uns verbringt. Verschönere ihn noch durch Musik und Gesang."

Benta, herangereift zur voll entfalteten Schönheit des Weibes, entsprach sofort der Bitte des Großvaters. Welch wunderbare Töne die Marsitin diesen Abend ihrem Instrumente zu entlocken verstand! Noch nie zuvor wähnte Frommherz Benta so meisterhaft spielen gehört zu haben. Und der Ge= sang! Welch eine Summe von Gefühlen der Freude und Sehn= sucht, stillen Schmerzes und unbestimmbaren Wehs löste er nicht im Empfinden des Sohnes der schwäbischen Erde aus!

Als Benta geendet hatte, stand der Gelehrte auf und reichte ihr tief ergriffen mit Worten herzlichen Dankes die Hand. „Lebe wohl, Benta! Nie werde ich deiner vergessen. Für immer wird mit der Erinnerung an meinen langen Auf= enthalt hier oben auch dein strahlendes Bild verknüpft sein. Möge dir die Zukunft alles Gute in dem reichen Maße bringen, wie du es verdienst. Das wünsche ich dir zum Abschiede."

„Auch ich werde dir stets ein freundliches Erinnern be=
wahren," antwortete Benta herzlich. „Wenn ich später Gattin
und Mutter geworden bin, so werde ich meinen Kindern von
dem wackern Freunde unseres Hauses, dem fernen Erdensohne,
erzählen, der sich bei uns so heimisch gefühlt, und dessen An=
denken wir alle dauernd in Ehren halten. Nimm dieses An=
denken von mir mit dir! Reise glücklich!" Nochmals ein in=
niger Händedruck, und Benta war eilenden Schrittes im Hause
verschwunden.

Frommherz hielt in seiner Hand ein kleines Etui. Als er
es öffnete, fand er in ihm ein meisterhaft ausgeführtes, edel
eingerahmtes Miniaturbild Bentas.

„Welch große Freude macht mir dieses Bild," rief Fromm=
herz beglückt. „Ich werde das kostbare Andenken zu schätzen
wissen."

„Daran zweifeln wir nicht," bemerkte Bentan. „Erlaube
mir, daß der Großvater sich auch zur Enkelin gesellt." Mit
diesen Worten übergab er seinem Gaste ein gleiches Etui mit
seinem Bilde.

„Ihr beschenkt mich, der so wie so für immer euer Schuld=
ner bleiben muß."

„Sprich nicht davon! Nun laß auch mich dir Lebewohl
sagen, denn morgen früh, bevor ich aufstehe, bist du schon fort
von hier. Mögest du glücklich die Erde und deine Heimat wie=
der erreichen! Unsere aufrichtigsten Wünsche für dein Wohl=
ergehen begleiten dich." Bentan umarmte den Erdensohn, küßte
ihn auf die Stirn und zog sich dann still in sein Gemach zurück.

Siebentes Kapitel.

Vorbereitungen zur Rückkehr.

Eine geraume Zeit schon befand sich Fridolin Frommherz wieder in seinem alten Heim in Lumata. Die Kunde von seiner bevorstehenden Abreise nach der Erde war ihm von Angola aus nach Lumata vorausgeeilt, und als er mit dem würdigen Eran dahin zurückkehrte, war sein Empfang überall recht herzlich. Aus dieser Aufnahme an dem alten Orte seines ersten Aufenthaltes fühlte der Gelehrte deutlich heraus, wie die Marsiten seinen Entschluß beurteilten. Unverhohlen wurde ihm jetzt eine Achtung gezeigt, die ihm einst, nach der Trennung von seinen Gefährten, in diesem Umfange nicht bewiesen worden war.

Mit Energie wurde an der Herstellung des Luftschiffes ge=arbeitet, das in jeder Hinsicht befähigt sein mußte, nicht nur den Weltenraum zu durchschneiden, sondern auch die Marsiten, die des Erdensohnes Begleitung bilden sollten, wieder auf den Lichtentsprossenen zurückzubringen. Die großartige Entwicklung der technischen Wissenschaften auf dem Mars ermöglichte die verhältnismäßig rasche Konstruktion eines den höchsten Anforde=rungen genügenden Luftschiffes. Trotzdem aber verstrichen mit der Erfüllung dieser wichtigen Aufgabe noch mehrere Monate.

Inzwischen wurden in Fridolins Herz wieder mehr und mehr die alten Erinnerungen wach. Waren es doch nun schon vierzehn Jahre, seit er von Cannstatts Wasen unter großem Hallo der Bevölkerung, unter dem Hurra von Hunderttausenden aus nah und fern Herbeigeeilter abgefahren war. Das fünf=zehnte Jahr nach Erdenmaß war angebrochen, und noch immer weilte er in Lumata. Jetzt brauchte es nur noch weniger Wochen

Geduld, und die ernste Stunde des Abschiedes für immer vom
Mars und seinem edlen Volke sollte schlagen. Für diese Riesen=
reise wurde alles in tadelloser, umsichtiger Weise vorbereitet.
Täglich wanderte der Erdensohn hinaus auf die ihm wohl=
bekannte Wiese, auf der einst der „Weltensegler", das Luftschiff,
das ihn und seine Gefährten hierhergebracht hatte, niedergegangen
war, und auf der nun auch sein Luftschiff gebaut wurde, und
verfolgte den Fortschritt der Arbeit.

Wenn Fridolin Frommherz auch die technischen Schwierig=
keiten bei der Herstellung eines Weltfahrzeugs von Cannstatt
her nicht gänzlich unbekannt waren, so vermochten doch die ver=
wickelten Berechnungen, die dem kunstvollen Bau zu Grunde
lagen, sein Interesse nicht dauernd zu fesseln. Er hatte allen
Respekt vor der Technik und der mathematischen Wissenschaft,
aber kein richtiges Verständnis für sie. Ja, wenn Siegfried
Stiller, sein Freund, der berühmte Astronom, noch hier gewesen
wäre! Der hatte einst den „Weltensegler" bauen lassen nach
seinen eigenen Berechnungen, hatte sich alle bislang auf Erden
errungenen technischen Fortschritte und Erfahrungen zunutze ge=
macht und hatte ein Werk geschaffen, das die Bewunderung
aller Kulturnationen der Erde gewesen. Wie würde Freund
Stiller gestaunt haben, hätte er das Luftschiff der Marsiten sehen
und seinen raschen Bau verfolgen können!

Wie Freund Stiller so bauten auch die Marsiten nach dem
starren System. Aber hier auf dem Lichtentsprossenen war alles
viel einfacher, selbstverständlicher, fügte sich viel müheloser inein=
ander als beim „Weltensegler" und war vor allem viel leichter
als bei diesem. Denn wie alles andere, so stand auch die Technik
hier auf einer auf Erden nicht gekannten erstaunlichen Höhe.
Da wurden Metallegierungen hergestellt, die in Bezug auf

Leichtigkeit und Widerstandsfähigkeit alles auf Erden Gekannte weit in den Schatten stellten.

Mit einer nahezu undurchdringlichen Stoffhülle aus seidenartigem Gewebe wurde der Ballon wie mit einer schützenden Außenhaut umgeben. Zwischen dieser und dem eigentlichen Ballon befand sich ein isolierender Luftraum, der gleichsam eine Vermittlung zwischen den eisigen Temperaturen des Ätherraumes und den gemilderten Temperaturen des Balloninnern herstellen und einer Abnahme des Ballonvolumens infolge zu starker Abkühlung entgegenwirken sollte.

Und wie bequem war die Gondel eingerichtet! Da war nichts vergessen, was eine wochenlange Reise durch den eisigkalten, lichtlosen Ätherraum erträglich gestalten konnte. In der Gondel befanden sich aber auch die exaktesten Meßapparate, alles zu Höhen= und Positionsbestimmungen innerhalb der Atmosphäre des Mars oder der Erde Erforderliche, auch die Vorrichtungen zur Handhabung der Höhen= und Seitensteuer, große Mengen fester, komprimierter Luft nebst einem außerordentlich handlichen Zerstäubungsapparat, aufgespeicherte Elektrizität teils zur Fortbewegung, teils zur Beleuchtung und Wärmeerzeugung; wurde doch die Temperatur im Ätherraum auf hundertundzwanzig bis hundertundfünfzig Grad unter Null geschätzt! Die an den Wänden angebrachten Lagerstätten ließen sich in die Höhe klappen, wodurch tagsüber bedeutend an Raum gewonnen wurde. Auf die praktischeste Weise waren Nahrungs= mittel und andere Vorräte ebenfalls an den Wänden untergebracht.

Fridolin Frommherz hatte das Gefühl, als könne seinen Freunden vom Mars eine Weltenfahrt überhaupt nicht mißlingen, und freute sich über die sichtbaren Fortschritte, die der Bau des eigentümlichen, seiner Vollendung mehr und mehr ent=

gegengehenden Luftschiffes machte. Ihm zu Ehren sollte es den
Namen „Fridolin Frommherz" tragen.

Als die große Arbeit endlich vollendet und der Tag der
Abreise bestimmt worden war, erboten sich fünf Marsiten aus
dem Stamme der Ernsten und der Findigen als freiwillige Be=
gleiter des Erdensohnes. Es waren Sirian, der Erbauer des
Luftschiffes, der nun auch sein Lenker sein wollte, Zaran, Parsan,
Alan und Uschan. Zaran war ein Neffe des alten Eran. Der
kühne Flug sollte am fünfunddreißigsten Tage der „Zeit der
Ruhe" angetreten werden. Fridolin Frommherz zählte nach
Erdenrechnung den siebenten Februar.

Am Abend vorher gab Eran dem Scheidenden zu Ehren
ein Gastmahl, zu dem von allen Seiten die Eingeladenen herbei=
strömten. Auf blumengeschmückter Tafel wurde dem Erdensohne
noch einmal alles dargebracht, was der Lichtentsprossene Herr=
liches an Früchten, Fischen und ähnlichen Dingen zu bieten ver=
mochte. Die ersten Künstler aus dem Stamme der Frohmütigen
verschönten mit Musik und Gesang und erhebenden Vorträgen
den Abend. Dann erhob sich Eran, der ehrwürdige Greis. In
längerer Rede warf er einen Rückblick auf den einstigen Besuch
der sieben Schwaben, von denen der eine nun so viele Jahre
länger unter den Marsiten geweilt und die bei ihnen bestehenden
allgemeinen wie besonderen Lebensbedingungen am gründlichsten
kennen zu lernen Gelegenheit gehabt habe. Daß Freund Fridolin
gleich seinen Brüdern sich unten auf der Erde dem großen
Werke der Menschenverbrüderung widmen wolle, das sei der
Grund seiner Rückkehr, den er, Eran, in seinem ganzen sittlichen
Umfange zu schätzen wisse. Möchte dem Tapfern ein schöner
Erfolg beschieden werden! In Lumata aber solle nun das schon
längst geplante Denkmal ausgeführt werden, das bestimmt sei,

für immer die Erinnerung an den Besuch der Erdgeborenen an
dieser Stelle festzuhalten.

Als der ehrwürdige Greis im Silberhaar geendet hatte,
dankte Fridolin Frommherz mit wenigen, aber tiefempfundenen
Worten für all das Gute und Schöne, das ihm auf dem Licht=
entsprossenen zuteil geworden, und das er nie vergessen werde.
Die Sehnsucht nach dem Mars=Paradiese und die Erinnerung
an die schönste Zeit seines Lebens werde ihn nie verlassen, ebenso=
wenig aber werde er jemals vergessen, welcher Höhe der Kultur
die Menschheit fähig sei, und was er auf dem Lichtentsprossenen
gelernt, werde er auf Erden zu verwirklichen suchen. Dann
habe er nicht umsonst gelebt.

Musik und Gesang schlossen die schöne Feier.

Dann kam für Fridolin Frommherz die letzte Mondnacht
auf dem Mars mit all ihrem Zauber zweier Leuchten. Noch
einmal wanderte er ganz allein hinaus vor die Stadt, atmete
noch einmal in tiefen Zügen die wunderbar weiche und doch
würzige Luft, schaute trunkenen Auges den fast durchsichtig klaren
Himmel und die vielen, unzähligen Welten, die da oben in
eigenem oder erborgtem Glanze strahlten, und gelobte sich noch
einmal, den Glauben festzuhalten an den endlichen Sieg des
Guten. So, wie es auf dem Lichtentsprossenen war, mußte es
einmal auf Erden werden. Kein Mißerfolg würde künftig diese
Zuversicht zu erschüttern vermögen.

In gehobener Stimmung kehrte der Erdensohn in Erans gast=
liches Heim zurück, um noch ein paar Stunden der Ruhe zu pflegen.

Wie einstmals, als Fridolins sechs Gefährten schieden, so
zog auch diesmal Eran mit der gesamten Bevölkerung Lumatas
am andern Tage in aller Frühe mit dem Abreisenden hinaus
auf die historisch gewordene Wiese. Ein Händeschütteln, laute

Zurufe glücklicher Reise von allen Seiten, eine letzte Umarmung
Erans, dann bestieg Fridolin Frommherz als letzter die Gondel.
Die Taue wurden gekappt; das Luftschiff setzte sich in pfeil=
schnelle Bewegung und trug den kühnen Schwaben hinweg aus
dem Paradiese des Mars der heimatlichen Erde zu.

— —

Achtes Kapitel.

Auf der Fahrt im Weltraum.

Einen langen Abschiedsblick voll Liebe und Dankbarkeit warf
Fridolin Frommherz aus seiner luftigen Höhe hinab auf den
Lichtentsprossenen, auf dem er so viel Gutes genossen, wo sein
ganzes inneres Wesen umgeformt worden war. Den inhalt=
reichsten Abschnitt seines Lebens hatte er da verlebt. Nie würde
er den strahlenden Bruderplaneten seiner irdischen Mutter wieder
betreten. Wie in flüssiges Gold getaucht flimmerten und funkelten
da unten die langen Wasserlinien der Kanäle, die er mit hatte
bauen helfen. Es war, als wiche die Landschaft da unten zu
des Erdensohnes Füßen immer mehr zurück, als wäre sie es,
die sich fortbewegte, als stände das Luftschiff still, so sicher und
ohne Schwankung trug es seine Insassen in die Höhe. Schon
waren die Freunde da unten kaum noch als winzige Punkte
sichtbar; Bäume und Bauten erschienen wie kurze Striche. Und
bald schwanden auch sie; es blieb nur das sonnige Glitzern und
Flimmern, das auf der vergoldeten Landschaft lag, bis auch
dieses erlosch und beim Verlassen der Marsatmosphäre die
Nacht des Ätherraumes die kühnen Luftschiffer umfing.

Künstliches Licht, künstliche Erwärmung, künstliche Luftver=

teilung waren in Tätigkeit getreten. Man begann, es sich in
der Gondel bequem zu machen, die fünf Marsiten natürlich nur,
soweit es ihnen der strenge Dienst gestattete. Fridolin Fromm=
herz, der einzige Passagier, aber richtete sich nach Geschmack und
Gutdünken ein. Seinem Wunsche gemäß sollte auch er zu=
weilen zur Bedienung der Instrumente Verwendung finden;
doch war er naturwissenschaftlich und technisch zu wenig geschult,
um regelmäßigen Dienst an verantwortungsreichen Posten tun
zu können. So blieb ihm freie Zeit in Fülle.

Die Schrecknisse einer Weltenreise hatte der Erdensohn
schon einmal durchgekostet. In den vierzehn Jahren, die darüber
verflossen waren, war die Erinnerung daran stark verblaßt. Jetzt
lebte sie allmählich kräftiger wieder auf. Besonders lebhaft
standen ihm zwei Dinge vor Augen: die Langeweile, die ihn
und seine Gefährten von damals geradezu krank gemacht hatte,
als die Reise nach monatelanger Dauer noch immer kein Ende
nahm, als der Aufenthalt in der engen Gondel unerträglich ge=
worden, und die Sparsamkeit, die ihnen damals in Bezug auf
den Wasserverbrauch auferlegt gewesen war. Die Langeweile
würde sich diesmal bei Fridolin Frommherz weniger fühlbar
machen, war er doch ein anderer, ein geistig Höherstehender ge=
worden, der diese letzten Wochen des Verkehrs mit Marsiten
wohl auszunutzen wissen würde; auch würde bei der außer=
ordentlich entwickelten Technik und bei der Geschicklichkeit der
Marsiten die festgesetzte Reisedauer von drei Monaten kaum
überschritten werden.

Wie aber stand es mit dem Wasserverbrauch? Fridolin
sah sich um. Das neben seinem Bett befindliche und wie die=
ses aufklappbare Waschbecken schien ihm größer als einst beim
„Weltensegler" zu sein. Durfte er daraus auf größere Mengen

mitgenommenen Wassers schließen? Wo das wohl unterge=
bracht sein mochte? Zaran, der Neffe des alten Eran, be=
gegnete seinem suchenden Blick.

„Fehlt dir etwas, Fridolin?" fragte er freundlich. „Gern
erfüllen wir deine Wünsche, wenn das im engen Gondelinnern
möglich ist."

„Hab' Dank, Zaran!" erwiderte der Erdensohn. „Mir
fehlt nichts. Ihr habt ja so vortrefflich für alles gesorgt. Ich
fragte mich bloß, wo ihr die für die lange Reise notwendige
Wassermenge untergebracht habt. Der eiserne Behälter dort
und die wenigen wasserführenden Röhren dürften doch wohl
nicht genügen."

„Komm mit!" sagte der Marsite lachend und führte den
Erdensohn zu einem sehr kompliziert aussehenden Apparate, den
er durch einen leichten Druck mit der Hand in Tätigkeit setzte.
Ein frischer Windhauch strich da plötzlich über Fridolins Stirn.
Er atmete mit Wonne die rasch sich erneuernde Luft. Nach
wenigen Augenblicken sah er, wie an einem Teile des Apparates
sich kleine Wassertropfen sammelten und in einen eigens zu die=
sem Zwecke vorhandenen Behälter flossen.

„Woher kommt das Wasser?" fragte er erstaunt.

„Aus der verbrauchten Luft," antwortete der Marsite, und
als Fridolin Frommherz ihn nicht zu verstehen schien, fuhr er
fort: „Siehst du, lieber Freund, das ist unser System der
Sparsamkeit, das wir überall zu üben gewohnt sind. Es darf
in unserm Haushalte nichts verloren gehen. Dieser Apparat
hier ist so konstruiert, daß ich aus ihm nicht nur die Luft er=
neuern, sondern auch in ihm die verbrauchte Luft sammeln kann.
Die letztere spaltet sich wieder in ihre Elemente, die alsbald von
neuem verwertet werden können. Was aber an Wasserdampf

in ihr vorhanden ist, das zwingen wir zum Niederschlag, zur Sammlung in diesem Behälter."

„Wie sinnreich! Wie außerordentlich praktisch!" rief Fridolin froh erstaunt. „Aber wird uns das so gewonnene Wasser auch genügen?"

„Nein, lieber Freund, sicherlich nicht! Ich wollte dir bloß zeigen, wie man sparen kann. Wir führen außer einer ziemlich beträchtlichen Menge natürlichen Wassers auch alles zur künstlichen Wasserbereitung Notwendige mit uns. Sei also ohne Sorge! An Wasser werden wir auf der langen Reise keinen Mangel leiden."

Da winkte Sirian, der am Steuer stand, den Erdensohn zu sich heran.

„Willst du einen Blick auf unsere große nächtliche Leuchte werfen?" fragte er. „Die kleine hast du bereits im Gespräch mit Zaran verpaßt."

Rasch trat Fridolin an das vordere Fenster.

„Nein," sagte Sirian, „sieh hier hinaus!" Dabei schob er eine am Boden der Gondel befindliche Klappe zurück. Darunter befand sich ein kleines, festverschlossenes Fenster aus glimmerartiger Substanz. Durch dieses bot sich Fridolin Frommherz ein wundervoller Anblick. Das Luftschiff schwebte gerade mitten über Deimos, dem großen Marsmonde. Gewaltige gelbbraune Bergriesen starrten zwischen weiten, öden Sandflächen empor. Alles kahl, leer, ausgebrannt, aber bestrahlt von solch grellem Sonnenlichte, daß Fridolin Frommherz geblendet die Augen schloß und sich vom Fenster abwandte. Als er die Augen wieder öffnete, sah er Sirian in flinker Tätigkeit mit einem Apparate, der einem Fernrohre glich und doch wieder eine Menge Teile zeigte, die ein Fernrohr sonst nicht zu besitzen pflegt.

„Was macht Sirian da?" fragte er leise, um den Arbeitenden nicht zu stören, den ebenfalls herbeigekommenen Uschan.

„Photographische Aufnahmen der Mondlandschaft," erwiderte dieser ebenso leise. „Wir verbinden mit deiner Heimbeförderung nach der Erde noch eine Reihe wissenschaftlicher Aufgaben. Ist doch Sirian einer unserer bedeutendsten Astronomen. Du wirst noch mehr als einmal zu staunen Gelegenheit haben."

„Werdet ihr auch den Mond der Erde besichtigen?" fragte Fridolin.

„Diesen erst recht. Nach unsern eigenen nächtlichen Leuchten, die wir übrigens aus unsern sehr scharfen Fernrohren schon genau kennen, gelangen wir eher wieder einmal, nach der Erde und deren Monde nicht wieder."

„So werdet ihr euch wenigstens eine Zeitlang auf Erden aufhalten, euch ausruhen, erholen und dabei ihre Einrichtungen studieren?"

„Nein, lieber Freund," erwiderte Uschan. „Wir haben die strikte Weisung sofortiger Rückkehr. Uns genügt die Schau von oben aus der Luft herab. Da sehen wir zur Genüge, was die Erde als Weltkörper ist und zu bedeuten hat. Ihre Einrichtungen kennen wir durch dich und deine Brüder. Unsere Kultur ist die ältere, vorgeschrittenere; wir können von euch nichts lernen. Das Ziel der Menschenentwicklung aber liegt vorwärts, nicht rückwärts."

Fridolin Frommherz schwieg. Was hätte er auch darauf erwidern können? Uschan hatte nur allzusehr recht. Die irdischen Einrichtungen mußten Menschen von so hoher Kultur, wie es die Marsiten waren, barbarisch erscheinen.

„Sage einmal, Freund Fridolin," wandte sich Sirian, der

seine augenblickliche Arbeit vollendet hatte, an den Erdensohn, „wie kamt ihr da unten auf der Erde auf den Gedanken, unserm Lichtentsprossenen den Namen „Mars" zu geben?"

Fridolin Frommherz überlegte eine Weile.

„Sein rötliches Licht mag wohl die Ursache zu seiner Benennung gewesen sein," sagte er dann. „Es lebte auf Erden einmal ein starkes, kriegerisches Volk. Dem galt Tüchtigkeit im Kampfe, Mut und Ausdauer und Tapferkeit in solchem Maße als höchste Tugend, daß es sich eigens einen Gott des Krieges formte. Mars benannte es ihn. Phobos und Deimos waren seine Söhne."

„Was aber haben wir und unsere Monde mit einem phantastischen Gotte des Krieges zu schaffen? Wir kennen keinen Krieg, nur friedliche Schlichtung aller Streitfragen. Einmal freilich hat es auch bei uns Zeiten gegeben, da Bruderblut floß. Mit Grauen und Abscheu gedenken wir ihrer heute. Seit Jahrtausenden schon sind sie überwunden."

„Hätte man unten auf der Erde von euch und eurer hohen Kultur gewußt," sagte Fridolin, „man hätte euerm Planeten sicherlich einen würdigeren Namen gegeben. So aber mahnte sein rötlicher Glanz die Menschen an die blutige Fackel des Krieges, und der Name des Kriegsgottes ward zu dem euren."

*   *

Mehrere Wochen schon waren Fridolin Frommherz und die fünf kühnen Marsiten unterwegs. Störungen waren nicht eingetreten. Fast täglich waren kleine Meteoriten, von der Größe des Luftschiffes angezogen, auf dieses gestürzt, ohne ihm Schaden zuzufügen. Einmal war es auch einer wahren himmlischen Kanonade von lauter kleinen Wurfgeschossen ausgesetzt gewesen,

und Fridolin Frommherz fing es schon an etwas unheimlich
zumute zu werden — eine breite Narbe auf seiner Stirn legte
Zeugnis ab von einer früheren Begegnung mit einem Meteoriten=
schwarm — aber auch der ging diesmal vorüber, ohne Schaden
zu stiften.

Die wissenschaftlichen Apparate waren in beständiger Tätig=
keit und erforderten so große Aufmerksamkeit von seiten der
fünf Marsiten, daß der Erdensohn meist auf sich allein und die
eigene Gesellschaft angewiesen war. Trotzdem zeigte sich das
Gespenst der Langweile nur sehr selten. Denn was gab es nicht
alles in diesem Gondelinnern zu sehen, zu lernen, in das Tage=
buch einzutragen! Einen breiten Ring von Meteoren hatte das
Luftschiff vorhin durchschnitten. Viele hundert Millionen Kilo=
meter sollte seine Länge, Hunderttausende von Kilometern die
Tiefe und die Breite betragen — wer vermochte sich das vor=
zustellen?

Fridolin Frommherz schüttelte den Kopf.

„Mit solchen Zahlen bin ich nicht zu rechnen gewöhnt,"
sagte er; „es ist mir unmöglich, eine klare Vorstellung damit zu
verbinden."

Da rief ihn Sirian an das Teleskop.

„Sieh hier, wonach ich suchte! Nach unsern Erfahrungen
der König eines jeden Meteoritenringes."

Ein lautes, bewunderndes Ah! entschlüpfte Fridolins Lippen.
Ein Komet! Ein glänzender König inmitten seiner dunkeln
Dienerschar. Es war ein Komet mit wunderbar leuchtendem
Kopfe, von schimmernder Nebelhülle umgeben und einem sich
über Hunderttausende von Kilometern erstreckenden glänzenden
Schweife. Und durch diesen Schweif hindurch schimmerte ein
Stern, eine Sonne, die noch millionenmal weiter entfernt war

als der schöne Fremdling inmitten des Meteoritenschwarmes.
Und so wunderbar hell leuchtete der Stern, als ob keine ver=
schleiernde Hülle zwischen ihm und dem menschlichen Auge läge.
Wie leicht und durchsichtig und luftig die gasförmige Substanz
eines solchen Kometenschweifes sein mußte!

Zuweilen zeigte Sirian dem Erdensohne Sterne, die aus
weiter, nachtschwarzer Ferne auftauchten, wenn das Luftschiff
auf seiner Fahrt die Lichtstrahlenbahn eines solchen Gestirnes
kreuzte. Dann trat Sirians wundervolles Teleskop wieder in
Tätigkeit, und was er da Fridolin Frommherz vor Augen führte
und erklärte, machte diesen fast schwindeln. Es eröffnete sich
ihm ein Blick in die wahre Weltgeschichte, in den Werdegang
der Himmelskörper, wenn er die zahllosen Sonnen im unbegrenzten
Raume, im schrankenlosen All ihre verschlungenen Bahnen ziehen
sah, wenn er leuchtende, über ungeheure Räume des Himmels
verteilte Nebelflecke durch das Spektroskop als sehr verdünnte,
glühende Gasmassen erkannte, wenn er an andern Stellen die
Nebelflecke sich bereits zu Sternen verdichten sah — Nebelflecke,
die vielleicht in so unberechenbaren Fernen lagen, daß das von
ihnen ausgehende Licht wohl Hunderte von Jahren unterwegs
gewesen war, ehe es Fridolins Auge traf. Da sollten sich seine
Augen und seine Gedanken, die Augen und die Gedanken eines
kleinen Menschenkindes, an ein fortwährendes Kreisen von wirbeln=
den, leuchtenden Welten gewöhnen, die sich ruhelos im Univer=
sum jagten, eine jede mit eigener Bewegung, eine jede auf ihrer
eigenen Bahn und doch alle gehorchend denselben unabänderlichen
Gesetzen. Myriaden von lodernden Sternen, werdenden und
gewordenen Sonnen — welche Phantasie wäre kühn genug,
solches zu erfassen?

„Freund Fridolin," sagte Sirian eines Tages, nachdem er

Uschan das Steuer übergeben und sich's an einem der auf= und abklappbaren Tische der Gondel bequem gemacht, „wir werden in wenigen Stunden außerordentlich Interessantes schauen."

„Ungeahnt ist die Fülle des Neuen und Interessanten auf solch außergewöhnlicher Reise!" antwortete der Erdensohn fröh= lich. „Doch sag mir, Sirian, ist's ein neuer Komet, dem wir begegnen werden? Oder wieder eine jener wunderbar glänzen= den Sonnen, deren Entfernungen ihr mit Zahlen berechnet, die mich schwindeln machen?"

„Diesmal ist's keines von beiden," versetzte der Marsite. „Wir kommen sehr nahe an einem der kleinsten Kinder des Lichts vorbei."

„Nahe an einem Planeten kommen wir vorbei?" rief Fri= dolin Frommherz erstaunt. „Wie ist das möglich? Nie habe ich gehört, daß zwischen Mars und Erde die Bahn eines Pla= neten läge!"

„Es handelt sich um eines jener äußerst kleinen Kinder des Lichts, die ihr, wie ich aus deinen Karten und Büchern sah, Planetoïden nennt."

„Aber die liegen doch jenseits der Bahn des Lichtentspros= senen, zwischen Mars und Jupiter," beharrte der Schwabe.

„Im allgemeinen hast du ganz recht," erwiderte Sirian, „deshalb sind diese Planetoïden, um mich deines Namens zu bedienen, auch von uns viel besser gekannt als von euch. Ihr zählt ihrer etwa fünfhundertundfünfzig, aber ich sage dir, daß ihre Zahl mit tausend noch viel zu niedrig angegeben ist. Ein riesiger Weltkörper muß da einmal geborsten sein, wo nun seine Trümmer in stark exzentrischen Bahnen das ewige Licht um= kreisen. Da ist nun eines jener Trümmerstücke, — Eros nennt ihr den Planetoïden auf euren Himmelskarten, — dessen Bahn hält sich näher an der Sonne als die aller andern Planetoïden, und so bedeutend reicht sie zwischen Marsbahn und Sonne hinein, daß sie im Mittel innerhalb der Bahn des Lichtentsprossenen liegt. Eros kann der Erde fast um ein Drittel, rund um vierzehn Millionen Kilometer näher kommen als unser Lichtentsprossener, und Eros ist's, den wir jetzt treffen werden."

„Das ist ja eine herrliche Aussicht!" rief der Erdensohn froh. „Aber sag mir, Sirian, birgt diese Begegnung keine Gefahr für uns?"

„Von Gefahren sind wir auf einer solchen Reise jede Minute umgeben. Ich halte es für möglich, daß wir uns Eros nähern können, ohne selbst Schaden zu nehmen, ist er doch nicht größer als einer unserer kleinen Marsmonde. Wir werden gerade auf ihn zuhalten, unter Umständen sogar in seine Atmosphäre eindringen."

„Eine Atmosphäre hat der kleine Planet auch?" fragte Fridolin erstaunt. „Also hat er doch etwas vor euren Monden voraus!"

„Ja," sagte Sirian, „durch das Spektroskop haben wir festgestellt, daß nicht nur dieses kleine Kind des Lichts, sondern auch seine etwas größern Geschwister Ceres, Pallas, Juno und Vesta eine Atmosphäre, ähnlich der unsrigen, besitzen. Mehr zu erkennen, war uns bei der Winzigkeit des Eros nicht möglich. Jetzt aber werden wir sehen, ob er Wasser und Festland, Berge und Täler und lebende Wesen birgt, die uns ähnlich sind."

Aller Erwartungen waren aufs höchste gespannt, als das Luftschiff wirklich wenige Stunden später Eros ganz nahe kam. Aber der kleine Planet verhüllte den Beobachtern sein Antlitz. Dunst, Nebel und Wolken machten seine Oberfläche für den Weltraum unsichtbar. Durch die Trübung seiner Atmosphäre

wurde das Sonnenlicht so sehr nach außen zurückgeworfen, daß
es wie ein undurchdringlicher blendender Lichtschein über ihm lag.

„Seht ihr den Dunst und die Wolken?" rief Sirian, der
die Steuerung wieder übernommen hatte. „Eros hat nicht nur
Luft, sondern auch Wasser, die Grundbedingung jedes organischen
Lebens. Laßt uns nun in seine Atmosphäre eindringen, um zu
sehen, ob er auch festes Land besitzt!"

Mit Aufbietung aller seiner technischen Hilfsmittel suchte
Sirian nun sein Luftschiff so langsam wie möglich zu Fall zu
bringen. Das war infolge der Anziehung des kleinen Weltkörpers, dessen Masse doch der des Luftschiffs viel hundertmal
überlegen war, eine äußerst schwierige Sache. Obgleich das
Steuer der Hand Sirians beim leisesten Druck gehorchte, erreichte die durch die Reibung mit der Erosatmosphäre beim
Eintritt in dieselbe erzeugte Hitze einen sehr hohen Grad. Glücklicherweise waren auch die oberen Luftschichten um Eros lebhaft
bewegt und brachten den Reisenden, die die Gondelluken öffneten,
etwelche Kühlung.

„Eine Bergspitze!" rief Zaran plötzlich.

Und wirklich, über einen dichten Wolkenschleier empor ragte
der Gipfel eines Berges, mit sanftem Grün überzogen. Eine
Vegetation besaß der kleine Eros also auch. Und nun teilten
sich die Wolken. Da lag Land unter den Reisenden, Wald und
Feld und Wiesenland und dann das offene Meer. Aber so
klein war der ganze Weltkörper, daß die Insassen des Luftschiffes von ihrem hohen Standpunkte aus Nord- und Südpol
zugleich schauen konnten. Beide waren auffallend stark ab-
geplattet. Staunend sagte sich der Schwabe, daß die Oberfläche
dieser ganzen Halbkugel des Eros kaum mehr als die Oberfläche
eines kleinen deutschen Fürstentums betrage. Und solch ein

Vom Mars zur Erde. Seite 85.

winziges Weltganzes führte hier ein kosmisch unabhängiges Da=
sein! Während sich Fridolin noch darüber wunderte, wurde es
fast plötzlich Nacht.

„Wie schade,“ bedauerte der Erdensohn, „schon Nacht, und
wir haben erst so wenig gesehen!“

„Wir werden nach Osten fahren,“ sagte da Sirian, „der
Sonne entgegen. Eros dreht sich — nach Erdenzeit — in fünf
Stunden und vierzehn Minuten um seine Achse. Die Dauer
seiner Nacht kann also nicht mehr als zwei Stunden und sieben
Minuten betragen. Diese wenigen Nachtstunden kürzen wir für
uns noch um die Hälfte ab, indem wir der Sonne entgegen=
fahren.“

Sie fuhren nach Osten. Und über der östlichen Halbkugel,
über einer ganz neuen Gegend, ging bald darauf die Sonne
wieder auf. Wohl angebautes Hügelland lag jetzt unter ihnen.
Es bildete eine äquatoriale Wasserscheide. Nordwärts und süd=
wärts zogen schmale Flußläufe bis in die winzigen polaren
Meere. Ungefähr ein Viertel des kleinen Weltkörpers war mit
Wasser bedeckt, drei Vierteile bestanden aus Festland. Höhere
Berge waren auf der östlichen Halbkugel nicht vorhanden.

Sirian brachte das Luftschiff noch mehr zum Sinken.

„Wir wollen Umschau halten nach lebenden Wesen, die
uns ähnlich sind,“ sagte er. „Deuten doch die bebauten Felder
zur Genüge darauf hin, daß Eros bewohnt ist.“

Alle Insassen des Luftschiffes schauten gespannt durch die
Gondelluken abwärts. Und wirklich, da unten rotteten sie sich
zusammen, die Bewohner dieses winzigen Weltkörpers. Wie
abwehrend erhoben die einen die Arme, andere ballten die Fäuste
und schüttelten sie gegen das Luftschiff. Verwünschungen, in
einer eigentümlich rauhen Sprache ausgestoßen, trafen das Ohr

der Reisenden. Trotzdem sank das Luftschiff weiter. Deutlich
konnte man jetzt die teils ängstlichen, teils zornigen Gesichter
der in grobe, aber bunte Gewebe gehüllten Leute erkennen,
Männer, Frauen und Kinder. Es waren große, stattliche Ge=
stalten, ebenmäßig gewachsen, mit reichem Haar, das den Män=
nern bis auf die Schultern hing, während die Frauen das ihrige
im Nacken zu einem Knoten geschlungen trugen.

„Wo sind denn ihre Wohnungen?" fragte Fridolin. „Ver=
geblich schaue ich nach Häusern aus."

„Siehst du nicht dort, in die Hügelreihen eingebrochen, jene
rechteckigen Öffnungen?" rief Uschan. „Offenbar sind das die
Eingänge zu einer Art von Höhlenstadt, wohl zum Schutze gegen
den außerordentlich langen, strengen Eroswinter errichtet."

„Also bloß Höhlenbewohner," sagte Fridolin im Tone des
Bedauerns.

„Lieber Freund, bedenke, daß die Bahn dieses kleinen Planeten
in der Zeit seiner Sonnenferne noch jenseits der Bahn unseres
Lichtentsprossenen liegt, daß Eros den eisigen Weltraum zwischen
Mars und Jupiter durcheilt, wo ihn die Sonnenstrahlen so
schräg treffen, daß kaum ein fahles, graues Licht, ohne wärmende
Kraft, seine kurzen Tage erhellt. Du kennst die eisigen Tempe=
raturen des Weltraumes. Ihnen ist Eros auf seiner stark
exzentrischen Bahn, nach Erdenmaß gemessen, nahezu ein Jahr
lang ausgesetzt. Wunderst du dich noch, daß seine Bewohner
lieber im Innern ihres Bodens Schutz und etwas Wärme
suchen, statt Häuser zu bauen?"

Fridolin wunderte sich nicht mehr. Sirian brachte jetzt das
Luftschiff wieder zum Steigen.

„Wir haben gesehen, was wir sehen wollten," sagte er, „und
wollen diese armen Wesen nicht länger ängstigen. Sie scheinen

zwar intelligent, aber im Vergleiche mit uns noch auf einer ziemlich niedrigen Stufe der Entwicklung zu stehen."

„Auch sie werden einst, in hunderttausend Jahren vielleicht, zur Höhe der gepriesenen Kultur des Lichtentsprossenen empor= steigen," rief Fridolin Frommherz begeistert.

„Nein, lieber Freund," sagte Sirian, „du irrst dich; unsere Höhe werden die Erositen nicht erklimmen."

„Wie?" fragte der Erdensohn erstaunt, „ist es möglich, daß du Wesen, die schon eine gewisse Kulturstufe erreicht haben, die Fähigkeit der Weiterentwicklung absprichst?"

„Das tue ich nicht," erwiderte Sirian; „ich denke nur, daß es unsern Erositen an Zeit fehlen wird, so hoch zu steigen. Ihr kleiner Planet wird seine Atmosphäre nicht festzuhalten vermögen. Vielleicht schon in tausend Jahren ist alles Leben auf ihm erloschen, verschwunden seine Luft, verdunstet sein Wasser; kalt und starr und tot wie unsere Monde zieht dann Eros seine Bahn um das ewige Licht."

Da warf der Erdensohn einen wehmütigen, bedauernden Blick auf die kleine Welt hinab, die infolge ihrer Winzigkeit zu einem vorzeitigen Absterben verurteilt war, und es war doch so schön, zu wachsen und sich zu entwickeln!

Dann verließ das marsitische Luftschiff die Atmosphäre des Eros und schwebte wieder draußen im kalten, lichtlosen Äther= raume der Erde zu.

Eines Nachts — schon befanden sich die Reisenden in der Anziehungssphäre der Erde, und Fridolin Frommherz genoß noch den tiefen, ungestörten Schlaf in der absoluten Stille des Welt= raumes — da wurden die Insassen der Gondel plötzlich vom wachenden Uschan geweckt.

„Ein glühender Körper nähert sich unserm Luftschiff,"

sagte er. „Zwar ist er noch fern, aber grell sticht sein Glanz vom undurchdringlichen Dunkel des Raumes ab. Er scheint unsere Bahn zu kreuzen. Wir müssen zu wenden suchen."

Noch ehe Uschan ausgesprochen, war Sirian an der vorderen Luke.

„Ein Meteorit von ungeheuren Dimensionen!" rief er, mit aller Macht das Steuer rückwärts drehend. „Wir müssen so rasch wie möglich aus seiner gefährlichen Nähe, sonst sind wir verloren!"

Da sich aber das Luftschiff schon im Bereiche der irdischen Anziehung befand und der Erde mit einer Geschwindigkeit von fünfunddreißigtausend Kilometer in der Stunde entgegenstrebte, gehorchte es der steuernden Hand nicht mehr unbedingt. Statt zu wenden oder seitwärts auszuweichen, verlangsamte sich nur seine Bewegung unter dem ausgeübten Drucke, aber die Richtung blieb dieselbe. Es war das erstemal seit der Abfahrt vom Lichtentsprossenen, daß den kühnen Durchschiffern des Ätherraumes Gefahr in nächster Nähe drohte. Was tun? Immer näher raste die gewaltige, glühende Kugel mit nicht zu bestimmender Geschwindigkeit, wohl Tausende von Kilometern in einer einzigen Minute. Das Herz schlug in diesem Augenblicke nicht nur dem Erdensohne rascher. In wenigen Minuten mußte der Zusammenstoß erfolgen. Noch einmal drehte Sirian das Steuer mit aller Kraft.

„Es wird nichts mehr nützen," murmelte er dabei, „selbst wenn jetzt das Wenden gelingt; wenn wir wirklich noch ausweichen können, werden wir von der vielleicht tausendmal größeren Masse des Meteoriten angezogen werden — sein gluthauchender Schlund wird uns nur ein paar Augenblicke später verschlingen."

Da geschah etwas so Wunderbares, wie es keiner der In-

saſſen des marſitiſchen Luftſchiffes in ſolcher Schönheit und Groß=
artigkeit je erlebt hatte: der Meteorit platzte, zerbarſt in Tauſende
von ſich jagenden Teilen. In allen Farben ſprühten ſie auf,
ſtürzten auf einander, platzten von neuem in immer neuem Farben=
ſpiel; grüne, gelbe, rote, blaue Flammen durchzuckten den nacht=
ſchwarzen Ätherraum, züngelten empor in lodernder Glut und
erloſchen.

Und als es wieder Nacht um ſie geworden, da wußten die
kühnen Reiſenden, daß ſie gerettet waren, gerettet im Augenblicke
höchſter Gefahr, als ſelbſt marſitiſche Technik und Gewandtheit
gegenüber den Allgewalten der Natur zu verſagen drohten.

Und immer weiter flog das Luftſchiff, unbeirrt von allem,
was ihm begegnete, mit wunderbarer Sicherheit von Sirians
Führerhand direkt auf die Erde zu geſteuert. Der Beſuch auf
dem Monde, das erſte Verlaſſen der Gondel ſeit nahezu drei
Monaten, ſtand als nächſtes Ereignis bevor.

<hr />

Neuntes Kapitel.

Eine Station auf dem Monde.

W ir haben Glück," ſagte Sirian zufrieden lächelnd, als ſich
die kühnen Reiſenden dem toten Sohne der Mutter Erde
näherten, „denn der Mondtag neigt ſich ſeinem Ende zu."

„Warum wünſchteſt du am Abend auf dem Monde zu
landen?" fragte Fridolin Frommherz.

„Weil ich ſeinen Tag wie ſeine Nacht kennen lernen möchte."

„Wäre das nicht auch möglich geweſen, wenn wir morgens
oder mittags angekommen wären?"

„Lieber Fridolin, bedenke die Länge eines Mondtages! Vierzehn Erdentage bilden einen einzigen Tag auf dem Monde, vierzehn weitere Tage eine einzige Mondnacht!"

Fridolin Frommherz war an eines der Fenster getreten. Eine solche überwältigende Lichtfülle strömte ihm entgegen, daß er geblendet die Augen schloß. Uschan reichte ihm ein schwarzes Glas, und nun war es den Augen des Erdensohnes möglich, hinabzuschauen auf die in grellstem Sonnenlichte strahlende Mond= landschaft, über der das Luftschiff schwebte. Da stiegen hohe, schroffe Felsenmassen zu unheimlicher Höhe empor, lange, tief= schwarze Schatten werfend, die im Gegensatz zu dem blendenden Lichte doppelt schwarz erschienen. Fürchterliche Abgründe gähnten ihm aus Riesenkratern entgegen, aus deren Tiefe sich wiederum ein spitzer, kegelförmiger Berg erhob. Da türmten sich Gipfel an Gipfel, da klafften Spalten und weiteten sich Täler, über= gossen vom grellsten, durch keine Atmosphäre gemilderten Sonnen= glanz und mit schwarzen Schatten, die an Dunkelheit und Schärfe ihresgleichen nicht hatten. Vergeblich aber suchte das Auge nach einem Tropfen Wasser, nach einer Spur von Grün.

Langsam brachte Sirian das Luftschiff zum Sinken. Mit großer Sicherheit landete es auf einer weiten, sandigen Fläche. Zaran brachte sechs eigentümliche, vollständig durchsichtige und doch äußerst feste, glockenartige Kopfbedeckungen herbei. Fridolin Frommherz stülpte die seine, dem stummen Beispiele der Mar= siten folgend, über den ganzen Kopf bis zum Halse, wo sie fest geschlossen wurde.

„Wozu das?" wollte er fragen, aber niemand hatte jetzt Zeit, ihm Auskunft zu geben. Jetzt öffnete Sirian die Gondeltür und betrat als Erster den Boden, auf dem noch kein Wesen geatmet hatte. Rasch folgten die übrigen. Alle beteiligten sich an der Arbeit des Festlegens ihres Luftschiffes. Doch schien es Fridolin Frommherz, als müsse die Arbeit ganz besonders schwierig sein. Immer wieder prüfte Sirian die Anker und Ketten und festigte bald da bald dort. Auf dem Lichtentsprossenen war es anders gewesen. Weder Landung noch Festlegen hatte da bei Luftschifffahrten besondere Schwierigkeiten verursacht. Keiner der Marsiten sprach ein Wort; auch hörte Fridolin keine Kette klirren, keinen Hammerschlag, noch irgend ein Geräusch der Werkzeuge, die doch in voller Tätigkeit waren. Eine geisterhafte Stille herrschte, eine Stille, die unheimlich war und bedrückte. Der Erdensohn sah sich um. Da wölbte sich über ihm ein dunkler Himmel, schwarz wie Tinte, wolkenlos, darin brannte eine Sonne, die er selbst durch sein geschwärztes Glas kaum zu betrachten vermochte, und nebe. der Sonne standen Tausende von glänzenden Sternen, die trotz Sonnenglanz am schwarzen Himmel funkelten. Und ein großer, dunkler, von hellem Lichtrande umgebener Körper hing am Himmel. Das mußte die Erde sein. Dreizehnmal so groß muß sie, vom Monde aus gesehen, sich ausnehmen wie der Vollmond, von der Erde aus betrachtet!

„Wie seltsam das alles ist, der Himmel so schwarz und die Sterne am Tage sichtbar!" sagte Fridolin Frommherz zu den Marsiten, die endlich ihre Arbeit vollendet zu haben schienen. Merkwürdig gedämpft klang ihm die eigene Stimme entgegen. Von den Marsiten erhielt er keine Antwort. Da war Totenstille rings umher. Da vernahm man keinen Ton. Da bewegte sich kein Lufthauch, da plätscherte kein Bach, da schwirrte kein Vogel, da summte kein Käfer; lautlos waren die Tritte der Menschen, die hier gingen. Die Sonne brannte, und nichts milderte ihre Glut; trotz Sonnenglut aber war der Boden eisig kalt, seine Temperatur unter Null Grad.

„Wie kommt es, daß der Boden bei dieser Hitze so kalt ist?" fragte der Erdensohn.

Wieder erhielt er keine Antwort. Die Marsiten, die jetzt mit Messungen und photographischen Aufnahmen beschäftigt waren, schienen seine Worte gar nicht gehört zu haben. Keiner der sonst so freundlichen Männer wandte sich nach ihm um. Da fing es Fridolin an, unheimlich zu werden. Rasch trat er auf den ihm zunächst stehenden Zaran zu und faßte ihn am Ärmel. Der Marsite wandte das Gesicht dem Erdensohne zu und neigte sich so weit zu ihm, bis seine glockenartige Kopfbedeckung die Fridolins berührte. Dann fragte er freundlich:

„Was fehlt dir, lieber Freund? Kann ich dir helfen?"

„Ich fragte vorhin, warum trotz Sonnenglut der Boden hier so furchtbar kalt ist; aber keiner von euch antwortete mir."

„Weil wir deine Frage nicht hören konnten," sagte Zaran lächelnd.

„Ihr konntet nicht?"

„Nein, lieber Fridolin! Du vergißt, daß der Mond keine Atmosphäre hat, und wo keine Luft ist, kann auch keine Schall= vermittlung stattfinden."

„Selbstverständlich!" sagte Fridolin Frommherz; „das kam mir augenblicklich gar nicht zum Bewußtsein, weil wir doch atmen."

„O ja," lächelte Zaran, „durch die in unsern Glocken mit= genommene, sich langsam verflüchtigende, für etwa sechs Stun= den ausreichende Luft. Wenn ich meine Glocke mit der dei= nigen in Berührung bringe, trägt mir die darin eingeschlossene Luft die von deiner Stimme erzeugten Schallwellen zu. Ist aber nur der kleinste Zwischenraum vorhanden, so dringt kein Laut über die Wandung deiner Glocke hinaus. Der Hinweis auf das Fehlen der Luft beantwortet zugleich auch deine Frage

von vorhin. Weil keine Luft da ist, die die Sonnenhitze zurück=
hält, ist hier der Boden ewig kalt. Was du auch Seltsames
auf dem Monde siehst, es findet alles seine Erklärung in dem
Mangel an Luft."

Der Erdensohn wußte genug. Weil keine Luft da war,
schien ihm auch der Himmel schwarz statt blau, weil keine Luft
da war, waren die Sterne neben der Sonne am Tage sichtbar,
weil keine Luft da war, glühte die Sonne so heiß, waren die
Schatten so schwarz, war kein Wölkchen am Himmel, kein Tropfen
Wasser in Schluchten und Tälern, entsetzliche Öde, starrer Tod
überall.

Sirian winkte und gab den Gefährten durch Zeichen zu
verstehen, daß man den nächsten Berg ersteigen wolle. Fridolin
Frommherz wunderte sich darüber. Es war ein Riesenkegel,
nach oberflächlicher Schätzung wohl nahezu dreitausend Meter
hoch. Und den wollte Sirian erklimmen ohne Vorbereitungen,
ohne Mitnahme von Proviant, bei Sonnenuntergang und mit
einem Luftvorrat, der höchstens noch für fünf Stunden reichte?
Man setzte sich in Bewegung. Wie leicht sie alle gingen! Keine
Spur von anstrengendem Klettern, beschleunigter Herztätigkeit,
mühsamem Atmen. Haushohe Felsen wurden in kühnem Sprunge
genommen. So frei, so leicht fühlte sich der Erdensohn ohne
Atmosphärendruck; das eigene Gewicht war so verringert, daß
er die mächtigsten Felsen ohne Mühe erklomm. Riesenblöcke
hob er mit den Armen hoch wie kleine Holzstücke, und als er
seinen schweren goldenen Chronometer aus der Tasche zog, war
die Uhr leicht wie ein Stückchen Papier. Jetzt war ihm auch
klar, warum hier auf dem Monde die Verankerung des Luft=
schiffes so viele Schwierigkeiten hatte: es war auf dem at=
mosphärenlosen Monde zu leicht.

Als sie die Höhe erreichten, standen sie am Rande eines schauerlich tiefen Kraters mit weitem, ringförmigem Walle. Aber auch der Vulkan war tot. Da gab es keine Feuersäule, keinen Aschenregen, keine flüssige Lava, keine dampfenden Spalten, nichts, was auf ein glühendes Innere unter der harten Außenkruste hätte schließen lassen. Ausgestorben jede Spur von Leben!

Hinter den jenseitigen Bergen versank langsam die Sonne. Ein Kälteschauer durchzuckte die Gefährten; ihre Glieder zitterten. Der kleine Teil von Wärme, den der Mond während seines langen Tages aufgenommen, strahlte hinaus in den eisigen Weltraum. Auf dem Boden, dessen Temperatur vorher schon unter dem Gefrierpunkt gewesen, vermochten jetzt die Füße kaum mehr zu stehen. Sirian gab das Zeichen zu raschester Rückkehr. Fast plötzlich, ohne jede Dämmerungserscheinung, ohne Farbenzauber beim Sonnenuntergang, war die Nacht hereingebrochen. Aber dunkel war sie nicht. Mit blendendem Glanze leuchteten die Sterne, und die Erde, die eine wahre nächtliche Sonne zu sein schien, strahlte jetzt in zurückgeworfenem Sonnenlichte so wunderbar herrlich, daß jeder Fels, jede Spalte, jeder Stein der Mondlandschaft mit hellem Glanze übergossen schien.

Glücklich, aber fast starr vor Kälte erreichte die schweigende kleine Gesellschaft ihr Luftschiff. Nicht nur Fridolin Frommherz, auch die Marsiten atmeten auf, als die Anker gelichtet waren und die Entfernung zwischen ihnen und dem toten Monde immer größer wurde.

Es mochten etwa 30 Stunden seit der Abfahrt vom Monde verstrichen sein — ungefähr zehn Uhr abends nach Erdenzeit — als das Luftschiff der Marsiten so langsam und vorsichtig wie nur möglich in die Erdatmosphäre eintrat. Langsam? Trotz aller Hemmungsvorrichtungen legte das Fahrzeug noch fünf-

undzwanzig Kilometer in der Sekunde zurück! Erst durch die
Reibung beim Eintritt in die Atmosphäre verlangsamte sich sein
Lauf bedeutend; aber die gehemmte Bewegung setzte sich in
Wärme um. Glücklicherweise ließen die Isoliervorrichtungen
nichts zu wünschen übrig, und die erzeugte übermäßige Hitze
strömte rasch durch die geöffneten Luken hinaus in die kühlen,
dünnen oberen Luftschichten. Jetzt gehorchte das Fahrzeug der
Steuerung wieder vollständig. Absichtlich brachte es Sirian nur
sehr langsam zum Sinken. In einer Höhe, wo die Luftdichtig=
keit ungefähr der geringen Dichte der Marsatmosphäre entspricht,
wollte er kreuzen, um am Morgen zu erkennen, über welchem
Erdteile er sich befand, und dann Freund Fridolin in seiner
Heimat Schwaben, womöglich am Orte seines einstigen Auf=
stieges, zu landen. Die Dunkelheit der Nacht machte augen=
blicklich ein Orientieren auf der Erdoberfläche unmöglich. Der
grauende Morgen erst würde ein Umsehen gestatten. Die Luft
war unnatürlich ruhig und für die Höhe, in der sich das Luft=
schiff befand, merkwürdig schwül. Da wurde ganz unvermittelt
das Fahrzeug von wilden Schwankungen erfaßt, erst hin und
her und dann mit einem heftigen Rucke tiefer herabgerissen.
Es war, als stieße es ringsum an schwere Gegenstände an.

„Was ist das?" fragte Fridolin Frommherz erschrocken.

„Wir sind in widerstrebende Winde geraten. Hört, wie
jetzt das unheimliche Brausen des Sturmes durch die dunkle
Nacht klingt! Noch sind wir in schwarzer Finsternis, aber
gleich wird ein Gewitter losbrechen, wie wir Marsiten es noch
nie erlebt haben."

Kaum hatte Sirian ausgesprochen, als die Insassen des
Luftschiffes plötzlich, von greller Helligkeit geblendet, die Augen
schlossen. Und jetzt zuckte ein rascher, schneidender Blitzstrahl

durch die Dunkelheit, und ein fürchterlicher Donnerschlag folgte,
noch ehe das Licht des Blitzes ganz erloschen war. Blitz auf Blitz
zerriß nun die Wolken, die sich in schweren Regen auflösten,
so daß die elektrischen Funken vom Wasser knisterten.

Mitten in einem großartigen Gewitter befand sich das
marsitische Luftschiff, fort und fort in grelles elektrisches Licht
getaucht, und wenn Sirian das Steuer berührte, ging ein phos-
phoreszierendes Leuchten über seine Hände.

Mit staunender Bewunderung, ohne eine Spur von Furcht
oder Bangen, folgten die Marsiten dem ihnen unbekannten
Schauspiel eines irdischen Gewitters. Aber rasch steuerte Sirian
wieder in die Höhe, in die obersten Luftschichten. Hoch über
dem Gewitter sich haltend, wollte er warten, bis der Sturm
sich ausgetobt hätte. Doch während des Emporsteigens zogen
die Blitze feurige Flammenlinien rund um das Luftschiff. Es
stieg wie in einem Feuermeere. Plötzlich aber war es über die
Wetterwolken emporgekommen. Unter ihm lagen die wildstürmen-
den Luftschichten; unter ihm zuckten die Blitze hinüber und
herüber; oben aber wölbte sich ein ruhiger Sternenhimmel in
mildem Glanze, und friedliche Mondstrahlen stiegen hinab auf
die sturmbewegten Wolken. Es war ein Schauspiel, wie es
schöner kaum gedacht werden konnte, und die Marsiten freuten
sich über das Erlebnis.

„Sieh, mein Freund," sagte Sirian zu dem Erdensohne,
„du hast in den vierzehn Jahren, die du nach deiner Rechnung
bei uns weiltest, kein einziges wirkliches Gewitter gesehen. Kleinere
elektrische Entladungen kommen wohl auch in unserer dünnen,
wasserdampfarmen Atmosphäre vor; doch was sind sie im Vergleich mit der Großartigkeit eurer Gewitter! Und diese herrlichen
Wolkenbildungen! Welche Fülle reichen, lebenspendenden Wassers

bergen sie! Nimm dagegen unsere klare, dünne, durchsichtige Atmo=
sphäre! Ihr bißchen Wasserdampf schlägt sich in den Sommer=
morgen als Tau nieder auf die durstige Vegetation. Der Winter
bringt uns wohl leichten Regen= und Schneefall — aber hast du bei
uns je wirkliche Wolken gesehen? Fallen Regen und Schnee
nicht vielmehr als feiner Niederschlag, wie aus einem zarten
Nebel herab? Hätten wir eure Wolken, wahrlich, wir hätten
unser Kanalnetz nicht zu ändern brauchen."

Fridolin Frommherz nickte.

„Ich liebte euren wunderbar klaren Himmel, die Durch=
sichtigkeit eurer Luft, den ungetrübten Glanz eurer Gestirne, —
aber du hast recht, die Erde mit ihren Wolken ist von Natur
doch wohl reicher als der Lichtentsprossene."

„Auch wir waren einmal so reich an Wasser, wie ihr es
jetzt noch seid, und es wird einmal die Zeit kommen, da ihr so
wasserarm sein werdet, wie wir es jetzt sind. Dann ist bei uns
schon alles Leben erloschen; dann ist nicht nur der letzte Rest
unseres Wassers, dann ist auch unsere Luft verschwunden, und
der starre Tod hält unsern Lichtentsprossenen umfangen. Und
abermals schwinden die Jahrmillionen, — dann seid auch ihr
nicht mehr; andere Gestirne und andere Wesen sind an unserer
wie an eurer Stelle. — Doch nun laßt uns wieder zur Ruhe
gehen; seht, das Gewitter hat ausgetobt! Lautlos und ruhig
schwebt das Luftschiff jetzt wieder in der gereinigten Atmosphäre."

Es war inzwischen schon Mitternacht vorüber. Nach wenigen
Stunden, beim ersten Morgengrauen, sollte des Erdensohnes
engere Heimat gesucht werden.

———————

Zehntes Kapitel

Die drei Freunde.

Jedes Jahr am 7. Dezember versammelten sich sechs Gelehrte im Hause ihres Freundes Stiller auf Stuttgarts waldumrauschter, grüner Bopserhöhe. Es waren die Teilnehmer an jener ersten kühnen Weltfahrt durch den Ätherraum, die den Bruderplaneten Mars zum Ziele gehabt hatte. Bei ihrer Zusammenkunft feierten sie den Jahrestag des Aufstieges nach jener fernen, wunderbaren Welt und tauschten alte, liebe Erinnerungen aus an das eigenartige, idealschöne Leben, das die Gelehrten zwei volle Jahre lang auf dem Mars hatten führen dürfen.

Eine Nachahmung hatte die gefahrvolle Reise nicht mehr gefunden. Die Gelehrten hatten berichtet, daß von den Marsiten weitere Besuche auf ihrem Planeten nicht mehr angenommen, sondern mit aller Entschiedenheit abgewiesen werden würden, damit die Höhe einer Jahrtausende alten Kultur nicht durch schlechtes Beispiel Schaden leide. Diese Behauptung der Zurückgekehrten wurde zwar allgemein verlacht und dahin ausgelegt, daß aus sehr durchsichtigen Gründen die klugen Herren Professoren aus Tübingen sich für immer den Rekord der Weltenreisen sichern wollten. Aber auch ein merkwürdiges Mißgeschick, das die Zurückgekommenen verfolgte, trug dazu bei, andern kühnen Luftschiffern die Lust zu nehmen, das gewagte Experiment, über den Erdenkreis hinauszuschweifen, nachzumachen. Nein, die hochentwickelte, moderne Luftschiffahrt hatte wahrlich Praktischeres zu tun, als fragwürdige Planetenfahrten auszuführen, deren Gelingen nur das Spiel des blinden, launischen Zufalles war.

Andere, wichtigere und aktuellere Fragen, als nach fernen

Sternen zu blinzeln, bewegten die haſtenden, unruhigen Menſchen. Und ſo wurde kaum noch der heldenmütigen Reiſe gedacht. Das Rad der Zeit rollte weiter, es ließ die Erinnerung an die wich= tige Großtat bei der Menge mehr und mehr verblaſſen. Nur als ein Jahr nach der Rückkehr der ſechs Schwaben vom Mars ein Obelisk auf dem Cannſtatter Waſen errichtet und feierlich enthüllt worden war, da gingen die Wogen der Begeiſterung noch einmal hoch, da waren die gelehrten „Weltenſegler" wieder einmal Gegenſtand allgemeiner Huldigung.

Wie ſtill war es aber ſeitdem wieder geworden, ſtill auch im kleinen Kreiſe der Freunde, die ſeit der Rückkehr in die Heimat durch das trauliche, brüderliche Du inniger als je miteinander verbunden waren! Es ſchien, als ob ſie nachgerade die Erde, die ſich ſo ſtolz Welt nennt, immer weniger verſtünden oder die Welt ſie nicht mehr, troß der unverdroſſenen Mühe, die ſie ſich gaben, Marsſches Licht in das Durcheinander irdiſcher Auf= faſſung zu tragen.

In dem kleinen Freundeskreiſe war es in den elf Jahren, die jetzt ſeit ihrer Rückkehr vom Mars verfloſſen waren, allgemach lichter geworden. Raſch nacheinander waren drei der Teil= nehmer an jener ewig denkwürdigen Reiſe geſtorben, und nur drei waren noch übrig geblieben: Siegfried Stiller, der Aſtronom und Führer der Expedition, Bombaſtus Brummhuber, der Philoſoph, und Parazelſus Piller, der Arzt.

In altgewohnter Weiſe ſaßen heute, am Jahrestag ihrer Abreiſe, die drei Freunde im großen, wohldurchwärmten Balkon= zimmer des Stillerſchen Hauſes beieinander. Von da aus genoß man einen herrlichen Blick über Stuttgart weg bis nach Cann= ſtatt hin. Ein leichter Froſt war eingezogen. Da und dort waren die dunkelgrünen Tannen mit ſilbernem Reif behangen.

Um so behaglicher ließ es sich in dem vornehm ausgestatteten Gemache sitzen. Eine tiefe Stille herrschte, denn jeder der Herren war gerade mit seinen eigenen Gedanken beschäftigt.

„Was wohl Fridolin Frommherz macht?" entfuhr es unwillkürlich den Lippen Pillers, des Arztes, der im bequemen Lehnstuhle saß und sinnend den Himmel betrachtete.

„Daran dachte auch ich in demselben Augenblicke," entgegnete Stiller lächelnd.

„Nun, wie soll es dem Ausreißer dort oben gehen? Natürlich nur gut," warf Brummhuber ein.

„Das können wir nur vermuten, mit Bestimmtheit aber nicht sagen, lieber Brummhuber," erwiderte Stiller sanft.

„Was vermuten! Was nicht mit Bestimmtheit sagen!" schrie Piller, dessen Stimmung seit Jahren schon mehr und mehr gereizt geworden war. „Ich sage euch, der Knabe Fridolin hat es besser als wir. Wie kann es einem Menschen im Paradiese der Marsiten, bei diesem geistig und körperlich gleich hervorragend gesunden Volke anders gehen als gut, als ausgezeichnet? Mich interessiert auch deshalb nicht, wie er sich befindet, nur was der Drückeberger treiben mag dort oben auf dem Lichtentsprossenen."

„Er schreibt möglicherweise noch an dem deutsch-marsitischen Wörterbuche," lachte Brummhuber. „Weißt du noch, Stiller, wie Eran, der würdige Patriarch, von dieser Art der Bestrafung des Ausreißers sprach, als du ihn der Nachsicht der Marsiten besonders empfahlst?"

Der Angeredete nickte lächelnd.

„Wohl bekomm's ihm! Die Arbeit hätte ich auf keinen Fall ausgeführt," erwiderte Piller finstern Tones.

„Mühevoll ist sie, gewiß," bestätigte Stiller. „Fridolin

wird aber ohne Zweifel seine Aufgabe gelöst haben, wenn auch erst nach Überwindung einer langen Reihe von Schwierigkeiten verschiedenster Art."

„Recht hat er gehabt, daß er oben geblieben ist," knurrte Piller.

„Nein, lieber Freund, dreimal nein! Doch streiten wir nicht über diesen Punkt! Darüber einigen wir uns zu meinem aufrichtigen Bedauern nie, wie mir scheint."

„Piller neidet Frommherz eben den guten Marstropfen," spottete Brummhuber.

„Hat etwas Wahres, was du sagst, Brummhuberchen. Im übrigen, Stiller, bringe eine Flasche des heimischen Nektars von Neckars Halden, Zuckerle genannt. Ich habe eine sehr empfind= liche Anwandlung von Schwäche."

„Piller, wir kennen dich und deine vielen Schwächeanfälle," antwortete Brummhuber, während Stiller aus dem Zimmer trat und den Befehl erteilte, den gewünschten Wein herbeizu= bringen.

Als der Gelehrte in das Gemach zurücktrat, fielen gerade die letzten Strahlen der untergehenden Sonne durch dessen hohe und breite Fenster. Eine Fülle goldenen Lichtes umspielte die hohe Gestalt des Gelehrten und seinen feingeschnittenen Kopf.

„Eran, nur etwas verjüngt," rief Piller, als er seinen Freund in dieser Beleuchtung erblickte.

„Wahr gesprochen! Stiller hat eine merkwürdige Ähnlich= keit mit Eran," bestätigte Brummhuber.

„Eine Ähnlichkeit, wenn auch nur äußerlich, mit diesem vor= trefflichen Weisen der Marsiten könnte mich nur ehren," ent= gegnete Stiller ernst.

„Du hast sie, und zwar in geradezu staunenerregendem

Maße, seitdem du älter geworden bist. Haar und Bart sind
ja jetzt auch bei dir weiß geworden. Und fällt das Licht auf
dein Gesicht wie soeben, so ist diese Ähnlichkeit tatsächlich frap-
pierend. Es fehlt dir nur noch die Kleidung, und du könntest
sofort an Stelle Erans in den Stamm der Weisen in Angola
eintreten."

„Brummhuber hat recht. Du bist Erans getreues Eben-
bild," fügte Piller bei.

„Diesem ehrwürdigen Alten zu gleichen, ihm ähnlich zu
werden an Adel der Gesinnung und der Empfindung, und das
Ideal meines Strebens hienieden wäre der Erfüllung nahe,"
sprach Stiller leise, wie wehmütig vor sich hin.

„Na, kommen schon wieder trübe Gedanken?" polterte Piller.

„Nein," entgegnete Stiller ruhig, „dafür aber hier der gewünschte Wein," als soeben die Türe aufging und der Bediente
eintrat, auf einem silbernen Präsentierbrett den Wein mit Gläsern
tragend.

Nachdem die Gläser mit dem duftenden, rötlich schimmernden
Weine gefüllt waren, ergriff Stiller sein Glas und sprach:
„Weihen wir den ersten Schluck der Erinnerung an den heute
zum vierzehnten Male wiedergekehrten Tag des Antrittes unserer
Weltenreise."

Die Gläser klangen zusammen. Piller hatte den Inhalt
des seinen mit einem Schlucke geleert, füllte es sich von neuem
wieder, räusperte sich und rief: „Der zweite Schluck, er gelte
dem Andenken unseres Lebens auf jenem Planeten voll Licht
und Freude." Wieder leerte sich Pillers Glas.

„Und ich bringe heute, erlaubt es mir, liebe Freunde, zum
ersten Male mein Glas dem Andenken an Fridolin Frommherz,"
sprach Brummhuber.

„Soll gelten, als drittes Glas. Frommherz' Sünde sei hiermit in Gnaden verziehen," erwiderte Piller, indem er in andächtigem Zuge sein Glas austrank.

„Warum uns denn heute immer und immer wieder der Fridolin einfallen muß?" schimpfte Piller nach einer Weile und begann sich heftig zu schneuzen, um sein gestörtes seelisches Empfinden wieder herzustellen.

„Mir will heute die Erinnerung an ihn auch nicht aus dem Kopfe," versicherte Brummhuber. „Wäre er nicht so unendlich weit von uns entfernt, jede Möglichkeit einer Rückkehr ausgeschlossen, so würde ich glauben, daß er nach dem bekannten Sprichwort urplötzlich erscheinen müßte."

„Und warum sollte dies ein Ding der Unmöglichkeit sein?" fragte Stiller. „Sind wir hinauf und wieder heruntergekommen, ebensogut oder womöglich noch besser oder leichter dürften die Marsiten mit Freund Fridolin den Weg zur Erde finden, wenn sie ernstlich wollten."

„Ja, wenn sie wollten! Die werden es aber bleiben lassen, unserer Erde einen Besuch abzustatten nach den schwarzen Bildern, die wir oben von ihr entworfen haben," knurrte Piller.

„Ja, wir malten recht düster damals in Angola," warf Brummhuber ein.

„Aber durchaus wahr. Und rückhaltsloseste Wahrheit und Offenheit waren wir den edlen Marsiten schuldig," bemerkte Stiller.

„O Angola!" seufzte Piller, sich wieder kräftig schneuzend. „Doch was nützt die Sehnsucht nach diesem Eden? Vorbei, vorbei für immer!"

„Sei aufrichtig dankbar für die herrliche Erinnerung daran, die dir geblieben ist," verwies ihn Stiller.

„Laß mich lieber Lethe trinken und schieb mir die Flasche zu, Freund Siegfried," bat Piller. Lächelnd gehorchte Stiller.

„Immer derselbe!" tadelte Brummhuber. „So treibst du es an jedem siebenten Dezember, seit wir wieder hier unten weilen."

„Mensch und Freund, wie prosaisch bist du wieder einmal! Wie wenig verstehst du mich! Nur wer die Sehnsucht kennt, weiß was ich leide, kann auch ich mit dem Dichter sagen."

„Wir wollen dir deshalb auch mildernde Umstände zubilligen, Piller, und eine neue Flasche bestellen, wenn wir auch dein sogenanntes Leiden nur cum grano salis gelten lassen," entgegnete Stiller mit freundlichem Lächeln und die Klingel ziehend.

„Stiller, altes Haus, du verstehst mich immer wieder am besten," lobte Piller.

„Als ob zu diesem Verständnis viel gehören würde!"

„Gut gebrummt, Brummhuberchen! Doch hier kommt neue Labung. Mit Wärme füllt der edle Wein mein ganzes Ich."

„Das wissen wir schon lange, Piller. Es bedarf wahrlich keiner besonderen Betonung mehr."

„Brummhuber, heute bist du einmal deines Namens wieder vollkommen würdig."

„Hoffe es auch sonst immer zu sein."

„Kann es nicht ohne reservatio mentalis bestätigen."

„Bleib mir damit vom Leibe, Piller, sonst werde ich wirklich brummig."

„Friede, meine lieben Freunde, Friede!" mahnte Stiller.

„Ich bin stets friedvoll gestimmt, und nichts liegt mir ferner, als diese hehre Stunde des Zusammenseins durch Streit zu entweihen. Schon die Blume dieses heimischen Nektars

wirkt dämpfend auf jegliche Empfindung und stimmt versöhnungs=
voll," entgegnete Piller.

„Du bist und bleibst der Alte," erwiderte Stiller und klopfte
ihm auf die Schulter.

„Warum soll ich mich ändern? Bin ich dir doch bislang
gut genug gewesen!"

„Und wirst es auch stets bleiben, lieber Freund," versicherte
ihm Stiller.

„Auch mir," fügte Brummhuber fröhlich bei.

Der Dezemberabend fing an in den gemütlichen Raum seine
leichten Schatten zu werfen.

„Soll ich Licht machen?" fragte Stiller seine Gäste.

„Nein, noch nicht!" bat Brummhuber. „Es läßt sich in
der Dämmerstunde so hübsch träumen."

„Und auch plaudern," warf Piller ein. „Ich bewundere
immer von neuem wieder dein schönes Heim, das du dir hier
geschaffen hast, Stiller. Es ist wie du selbst."

„Wie meinst du das?"

„Nun, gediegen, vornehm, ruhig und voll stillen Zaubers."

„Ja, bei Freund Stiller läßt es sich leben. Da fühlt man
sich beinahe so wohl geborgen wie auf dem Mars," bemerkte
Brummhuber.

„Für uns das Angola Schwabens," fügte Piller bei.

„Ihr übertreibt, beste Freunde," erwiderte Stiller heiter.
„Und doch freuen mich diese Vergleiche gerade von euch. Was
wart ihr für nüchterne, poesielose Menschen, bevor ihr nach dem
Mars kamt, und welch große Umformung eures ganzen Innern
brachte der Aufenthalt dort oben mit sich!"

„Man macht nicht umsonst, ungestraft eine solche Exkursion,"
antwortete Piller trocken.

„Nun, dieses Resultat will ich mir gern gefallen lassen,"
entgegnete Stiller.

„Und doch, es ist wahr: ungestraft waren wir nicht so
lange auf dem Lichtentsprossenen. Erinnerst du dich noch jenes
letzten, herrlichen Abends in dem Palaste der Weisen in
Angola?"

„Ja, noch sehr gut," erwiderte Stiller leise.

„Wohl! Fremdlinge werden wir da sein, wo wir geboren
wurden, wo wir früher gelebt, gerungen, für unsere heiligste
Überzeugung gestritten haben. Diese mir unvergeßlich ge-
bliebenen Worte sprachst du damals. O Stiller, wie sehr hast
du recht gehabt!" Es klang wie ein schlecht unterdrückter Schrei
des Schmerzes, diese Entgegnung Pillers.

„Mein lieber Freund, steht es so mit dir?" Stiller war,
überrascht durch diese an Piller ganz ungewöhnliche Gefühls-
äußerung, aufgestanden und auf ihn zugetreten, ihm die Rechte
auf die Schulter legend.

„Mein treuer Gefährte," sprach er sanft, „du leidest ja auch
an Heimweh nach dem Mars wie wir. Zum ersten Male offen-
barst du es uns. Und dennoch! Wir müssen es zurückdrängen
um des Großen willen, das wir hier unten verfolgen."

„In dieses Granitgebirge menschlicher Vorurteile und Blind-
heit, Schwäche und Feigheit einen Tunnel der Aufklärung zu
bohren, ist nahezu ein Ding der Unmöglichkeit, sintemalen eine
Maschine, die das fertig brächte, niemals erfunden werden dürfte,"
antwortete Piller gereizt.

„Denn die Dummheit währet ewiglich," fügte Brummhuber
hinzu.

„Warum auf einmal so kleinmütig, meine Freunde?" fragte
Stiller. „Dir, Brummhuber, will ich zugeben, daß die Dumm-

heit niemals völlig ausgerottet werden kann, weil sie nichts anderes bedeutet als geistige Minderwertigkeit. Minderwertige Menschen aber wird es immer geben."

„Sehr wahr!" warf Piller ein.

„Nun wohl! Diese Menschen vor verhängnisvoller Tätigkeit zu bewahren, sie von verantwortungsvollen Posten auszuschließen, ist kein Ding der Unmöglichkeit. Schon jetzt wird diese Scheidung, eine Art gesunder Auslese, bis zu einem gewissen Grade da und dort auch durchgeführt. Je mehr die naturwissenschaftliche Bildung Gemeingut aller wird, um so weniger wird sich der Dumme breitmachen können."

„Keine Frage. Wir sind aber leider noch sehr weit von deinem Ideale entfernt."

„Gewiß, lieber Piller. Um aber auf deine Worte von vorhin zurückzukommen, so benötigen wir gar nicht dieses Tunnels, den du sinnbildlich anführtest. So schnell geht es mit dem Vorwärtsschreiten der Menschen nicht, wie der Bohrer den Granit zu durchlöchern vermag. Ist auch gut so. Das Beste benötigt der längsten Reifezeit. Und verwittert nicht schließlich auch der härteste Granit nur allein durch äußere Einflüsse? Seht, meine lieben Freunde, so ist es auch mit unserm Wirken. Wir müssen froh sein, wenn wir da und dort aus dem die Menschheit so fürchterlich tyrannisierenden System alter, unnatürlicher Einrichtungen, aus dem scheinbar so unzerstörbar fest verankerten Bau der unser Dasein beherrschenden Lügen einzelne Steine herausbröckeln, dem Prozesse der weiteren Verwitterung die Wege öffnen. Unsere kleine Gemeinde von heute wird sich morgen mehren. Was ist ein Jahrhundert Kulturarbeit? Ein Tropfen im Ozean des Lebens! Diese Tatsache muß uns bescheiden machen, darf uns aber nicht entmutigen. Einst muß

eine Zeit kommen, — dies ist meine feste Überzeugung! — die
in ähnlicher Weise das Menschheitsideal verwirklicht, wie wir
es oben auf dem Mars kennen gelernt haben. Sie vorbereiten
zu helfen, jeder an seinem Platze und zu seiner Zeit, ist die Auf=
gabe dessen, der auf den Ehrentitel eines wirklichen Menschen
Anspruch erhebt."

Stiller schwieg. Seine kleine Rede hatte ihre Wirkung auf
die beiden Freunde nicht verfehlt. In Gedanken versunken, saßen
sie da. Inzwischen war auch in dem Zimmer die Dämmerung
der Nacht gewichen.

„Glänzt dort drüben am südlichen Himmel nicht Mars?"
fragte Brummhuber, der zufällig aus seinem tiefen Sinnen er=
wacht war und einen Blick durchs Fenster geworfen hatte.

„Wahrhaftig, er scheint es wirklich zu sein," rief Piller,
der dem Beispiele Brummhubers gefolgt war.

„Ihr habt recht, liebe Freunde, es ist Mars, der nun wieder
in die Nähe der Erdbahn gelangt ist. Ich lade euch ein, mit
mir hinüber in mein Observatorium zu kommen und den Planeten
durch das Teleskop näher zu betrachten."

„Mit dem größten Vergnügen," erwiderten die Freunde
wie aus einem Munde.

„So laßt uns gehen! Ich habe euch Interessantes zu
zeigen, das ich schon seit einiger Zeit am Lichtentsprossenen
beobachtete."

Bald nachher befanden sich die Herren in dem Stillerschen
Arbeitsraume. Das große Teleskop wurde eingestellt, und die
Betrachtung des fernen Weltkörpers begann.

„Fällt dir nichts am Mars auf, Piller?" fragte Stiller
seinen Freund, nachdem dieser lange den Planeten durch das
Fernrohr angesehen.

„Täuschen mich meine Augen nicht, so sehe ich neben den uns ja persönlich bekannten Kanälen feine, dunkle Linien."

„Sehr richtig. Und vielleicht sonst noch etwas?"

„Halt, ja, noch große, weiße, flächenartige Punkte, zu denen strahlenförmig die dunkeln Linien hinführen. Was dies wohl alles zu bedeuten hat? Das existierte doch noch nicht, als wir oben waren."

„Nein. Ich will es dir nachher zu erklären suchen. Mein Kompliment aber für dein scharfes Auge und dein gutes Unter= scheidungsvermögen."

Piller wurde jetzt von Brummhuber am Instrumente abgelöst.

„Wirklich es ist so, wie Piller sagte. Mir kommt es auch noch vor, als ob die Eismassen der polaren Zonen gegen früher ganz bedeutend zurückgegangen wären," äußerte Brummhuber nach sorgfältiger Prüfung.

„Auch du siehst vollkommen richtig, Brummhuber. Wir wollen jetzt ins warme Haus zurückkehren und nachher diese neuen, eigenartigen Erscheinungen auf dem Mars besprechen."

In dem Speisezimmer nahmen die drei Freunde zunächst ein bescheidenes Abendessen ein. Dann zogen sie sich wieder in das Balkonzimmer zu gemütlicher Plauderei zurück.

„So, Freund Stiller, erkläre uns nun das, was uns am Mars aufgefallen ist," bat Piller, sich bequem in seinem Lehn= stuhle ausstreckend.

„Auch ich bin außerordentlich gespannt darauf," bemerkte Brummhuber.

„Das, was ihr heute abend gesehen habt, entdeckte ich schon vor längerer Zeit. Ja, ich darf ohne Übertreibung sagen, daß ich die euch aufgefallenen Veränderungen gewissermaßen in ihrem Entwicklungsgange verfolgt habe."

„Was du nicht sagst! Aber warum sprachst du uns nie=
mals davon?" warf Piller überrascht ein.

„Weil ich das Ende erst abwarten, mir vor allem aber
zuerst selbst eine möglichst einwandfreie Erklärung dieser Ver=
änderungen geben wollte."

„Und hast du sie gefunden?" fragte Brummhuber.

„Ich glaube, ja!"

„Wie interessant! Stiller, du bist und bleibst ein
Kapitalmensch."

„Danke für deine gute Meinung, Freund Piller. Die
Reduktion, der Schluß vom Allgemeinen auf das Besondere
war aber im vorliegenden Falle keine allzu große Schwierigkeit,
zumal wir ja unsern schönsten Lebensabschnitt dort oben verlebt
und die eigenartigen Verhältnisse des Planeten aus eigener An=
schauung kennen gelernt haben."

„Immer derselbe bescheidene Mann," brummte Piller.
„Doch, bitte, fahre fort."

„Jene feinen Linien, die ihr längs den alten Kanälen gesehen
habt, sind neue Wasserstraßen, die flächenartigen Punkte erkläre
ich mir als überdeckte Sammelbecken oder Stauwerke riesigster
Konstruktion, alles ausgeführt, um einer drohenden Wassersnot
zu begegnen. Daß eine solche auf dem Mars tatsächlich vor=
handen sein muß, beweist mir die starke Abnahme der Eismassen
an den beiden Polen. Eure Beobachtungen glaube ich somit
mit wenigen Worten ziemlich richtig gedeutet zu haben."

„Alle Wetter, du magst recht haben," erwiderte Piller.
„Ich empfinde aufrichtiges Mitgefühl mit den Marsiten, die so
schwer um die Grundbedingung ihrer Existenz kämpfen müssen.
Aber eine Frage! Ändert sich die Lage nicht auch wieder einmal
zum Guten da oben?"

„Diese Frage glaube ich bejahen zu dürfen nach dem, was ich auf dem Mars selbst gehört habe," antwortete Stiller.

„Eine wahre Beruhigung! Aber mit Bewunderung muß uns erfüllen, was wir geschaut haben. Das neue Kanalsystem konnte gewiß nur durch die Arbeit aller ausgeführt worden sein," äußerte sich Brummhuber.

„Ohne Zweifel. Dafür sind es eben die Marsiten. Nur ein solches Volk von dieser hohen Kultur kann Bauten dieser gewaltigen Art für das allgemeine Wohl ausführen."

„So ist es, wie du sagst, Stiller," bestätigte Piller.

„Unser Fridolin wird da wohl auch mitgearbeitet haben," lachte Brummhuber. „Seine Paradiesesidylle hat dadurch einen bösen Stoß erhalten."

„Wer weiß?" entgegnete Stiller. „In der strengen Arbeit liegt der Segen. Sie allein berechtigt uns, als Gegenwert eine gewisse Summe an Freuden und Annehmlichkeiten vom Leben zu erwarten. Dies gilt auch für unsern Frommherz. Gerade dieser Riesenkampf ums Dasein dort oben, den ich in den stillen Stunden der Nacht von hier aus mit meinem Fernrohre ver= folgen konnte, machte auf mich, nachdem ich über seine Ursache endlich klar geworden war, einen außerordentlich tiefen Eindruck. Ein Volk, dessen Solidaritätsgefühl eine derartige Probe auf seine Echtheit auszuhalten vermag, muß aus aller Not und Ge= fahr stets siegreich hervorgehen. Welch ein Vorbild für uns! Ob wir es wohl jemals erreichen werden?"

Piller mußte sich nach diesen Worten seines Freundes wieder kräftig schneuzen. „Pygmäen sind und bleiben wir da= gegen," knurrte er.

„Hältst du dich vielleicht für einen?" fragte Brummhuber spottend.

„Nimm dich in acht, Brummhuber! Fordere meinen Zorn nicht heraus!"

„Die Frage hatte eine gewisse Berechtigung," bemerkte Stiller. „Das Vorwärtsschreiten menschlichen Geistes kannst du nicht bestreiten. Nimm es dir selbst ab, Freund Piller. Jeder Fortschritt in der tieferen Erkenntnis der Wahrheit bedeutet zugleich den Fortschritt in der höheren Ausbildung unserer mensch= lichen Vernunft. Nur durch Vernunft und Wahrheit können wir des Menschen schlimmste Feinde, die Unwissenheit und den Aberglauben, bekämpfen. Nur dadurch steigen wir höher auf der Leiter der sittlichen Vervollkommnung."

„Stiller, alter Freund, ich lasse dir ja gerne das letzte Wort, so laß mir für heute wenigstens den letzten Trunk!"

„Sollst ihn haben, du ewig Durstiger. Aber dann zu Bett. Der morgige Tag ruft uns wieder nach Tübingen, und es ist schon sehr spät geworden."

„Gut, daß wir bei dir zu Hause sind," lachte Piller fröh= lich, als der Wein vor ihm stand. „So läßt sich ein Schlummer= schöpplein noch gemütlich schlürfen. Prosit!"

Elftes Kapitel.

Wieder auf der Erde.

Ein Frühling mit all seiner Pracht hüllte in ein Meer von Blüten die Bäume und Sträucher auf den Wiesen und in den Gärten des gesegneten Neckartales. Mai war es geworden. Ein schöner, warmer Morgen folgte einer Nacht voll Milde und Wohlgeruch. Die Sonne war noch nicht aufgegangen.

Vom Mars zur Erde. Seite 113.

Die Rötung des östlichen Himmels verkündete aber ihr baldiges
Nahen. Die Distelfinken begannen bereits ihre ungestümen
Triller zu schmettern; die Amseln sangen da und dort auf der
Spitze eines Baumes sitzend ihr melodisches Morgenlied; die
Sperlinge trieben sich in gewohnter Weise lärmend und mit
einander zankend in Scharen herum, als ein ungewohnt heftiges
Rauschen in der Luft die Vogelwelt auf Cannstatts Wasen in
ihrem lauten Tun und Treiben plötzlich innehalten und erschreckt
die Flucht ergreifen ließ.

Mit großer Geschwindigkeit senkte sich von oben herab ein
eigenartig gebautes Luftschiff, wie es in dieser Form und Größe
hier noch niemals vorher gesehen worden war. Ohne auch nur
die geringsten Schwankungen zu zeigen oder sich zu überstürzen,
erfolgte der fallartige Abstieg des Flugschiffes mitten auf dem
großen Platz des Cannstatter Wasens. Es mußte meisterhaft
gesteuert werden; denn mit einem Ruck hielt das gewaltige Fahr=
zeug, auf dem Boden angekommen, still, ohne irgendwelche Be=
festigung durch Taue oder Anker. Die Gondel lag direkt auf
dem Boden.

Von verschiedenen Seiten, so vom nahen Untertürkheim und
von Cannstatt aus, war die verblüffend sichere Landung des
eigentümlichen Luftschiffes bemerkt worden. Man sah auch ferner,
daß der Gondel ein Mann in sonderbarer Kleidung entstieg.
Kaum hatte der Angekommene die Gondel verlassen, als das
Fahrzeug sich wieder hob und mit einer staunenerregenden
Schnelligkeit im Luftmeere verschwand. Dies alles war das
Werk von wenigen Augenblicken.

Der Mann, der hier gelandet worden, war stehen geblieben
und schaute dem sich entfernenden Flugschiffe nach, solange es
noch gesehen werden konnte. Dann erst wandte er sich um und

betrachtete, langsam vorwärtsschreitend, die Gegend. Sie schien
ihm bekannt zu sein, denn er lenkte seine Schritte gegen Cann=
statt zu. Da fiel sein Blick auf einen mächtigen Obelisken, der
sich auf der linken Seite seines Weges erhob und von einem
hohen Eisengitter umgeben war.

Professor Fridolin Frommherz, denn das war der der
Gondel entstiegene Fremdling, schritt, neugierig geworden durch
das imposante Denkmal, auf den Gedenkstein zu. Überrascht
und freudig berührt blieb er vor dem Obelisken stehen. Auf
der ihm zugewandten Seite des Monumentes las er die einge=
meißelten und vergoldeten Worte:

> ZU EWIGEM RUHM UND ANDENKEN
> AN DIE UNVERGLEICHLICH KÜHNE
> IN IHREM ERFOLGE EINZIG DASTEHENDE
> FAHRT SCHWÄBISCHER SÖHNE DURCH DEN WELTENRAUM.
> DAS DANKBARE VATERLAND.

Auf der zweiten Seite war zu lesen:

> VON DIESEM PLATZE HIER FUHREN
> DIE WELTENSEGLER NACH DEM FERNEN
> PLANETEN MARS AB 7. XII. 19...
> IHRE NAMEN LAUTEN:
> S. STILLER, P. PILLER,
> D. DUBELMEIER, H. HAEMMERLE,
> B. BRUMMHUBER, T. THUDIUM,
> FR. FROMMHERZ.

Die dritte Seite trug die Mitteilung:

> NACH NAHEZU DREIJÄHRIGER ABWESENHEIT
> UND ZWEIJÄHRIGEM AUFENTHALT AUF DEM MARS
> KEHRTEN SECHS DER KÜHNEN WELTENSEGLER
> GLÜCKLICH WIEDER IN DIE HEIMAT ZURÜCK.
> OKTOBER A. D. 19...

Und hier auf der vierten Seite, da wahrhaftig, da war ja von ihm selbst die Rede. Frommherz las:

ZUR ERDE NICHT MEHR ZURÜCKGEKEHRT,
FÜR IMMER AUF DEM MARS GEBLIEBEN
DER SIEBENTE TEILNEHMER DER WELTENFAHRT
FRIDOLIN FROMMHERZ.

„Der erste Gruß der Heimat und wahrlich kein übler," sprach Herr Frommherz vor sich hin, als er den Obelisken sattsam von allen Seiten betrachtet hatte.

„Wie froh bin ich, gleich bei meinem Betreten des heimatlichen Bodens vernehmen zu dürfen, daß meine Gefährten glücklich wieder heimgekehrt sind. Ich fasse dies als ein gutes Vorzeichen auf."

Ohne daß Frommherz es bemerkte, hatte sich inzwischen eine Anzahl Neugieriger um ihn versammelt, die den Mann mit den langen, wirren Haaren und dem großen ungepflegten Bart und seine auffallende und sonderbare Kleidung voll Staunen betrachteten. Woher der wohl gekommen sein mochte? Keiner wagte dem sichtbar Verwahrlosten näher zu treten und ihn direkt zu fragen. Ein unbestimmtes Gefühl respektvoller Scheu hielt die Leute zurück.

In ruhiger Würde und edler Haltung, die auf die sich mehrenden Neugierigen ihren Eindruck nicht verfehlte, wandte sich Frommherz von dem Denkmal weg und schritt weiter Cannstatt zu, hinter ihm der Menschenhaufen, der in dem Maße anschwoll, als die Stadt näher kam. Schutzmann Dietrich begann eben gegen den Wasen zu die erste Morgenrunde zu machen. Nach neuer Abwechslung in seinem Berufe lüstern und in jedem ihm nicht näher bekannten menschlichen Individuum wenigstens

einen halben Gauner witternd, stürzte er sich, mit nur schwer
unterdrücktem Freudenschrei, auf den ahnungslos daherschreitenden
Frommherz.

„Halt, Mann!" gebot er, den Fremdling von oben bis
unten mit finstern Blicken musternd, eine Prüfung, die sehr zu
Ungunsten des Wandersmannes auszufallen schien, trotz oder
gerade wegen der auffallend schönen Gepäcktasche, die der Fremde
bei sich trug, und die zu seinem saloppen Äußern durchaus nicht
passen wollte. Des Schutzmanns Gesicht verdüsterte sich in drohend-
ster Weise.

„Woher des Wegs?" fragte er kurz und grob.

„Von da oben!" Mit diesen Worten wies Frommherz
gen Himmel.

Der Handbewegung des Gelehrten folgte unwillkürlich der
Blick des Schutzmannes. „Machen Sie keinen Unsinn! Ich ver-
bitte mir das!" schrie er. „Also nochmals, woher kommen Sie?"

„Von jenseits des Erdenkreises," antwortete Frommherz
lächelnd.

Diese Antwort ging über Schutzmann Dietrichs schwaches
Begriffsvermögen.

„Der Mann hier ist mit einem Luftschiffe gekommen. Ich
sah es von weitem," mischte sich jetzt einer der neugierigen und
freiwilligen Begleiter des Gelehrten in das Verhör.

„So, so, ist das also ein solcher Reisender?" erwiderte der
Schutzmann etwas gedehnt. „Ja, jetzt fahren sie öfters über
die Grenzen weg in unser Land hinein und stellen allerlei Un-
fug an." Wieder traf Frommherz ein finsterer Blick unver-
hohlenen Mißtrauens.

„Wer sind Sie?" inquirierte der Schutzmann weiter.

„Ein engerer Landsmann, ein Schwabe wie Sie!"

„Das glaub' ich nicht. Sie sehen gar nicht so aus. Wo sind Ihre Ausweispapiere?"

„Ich führe keine bei mir."

„Das genügt! Also schriftenlos und herumvagabundierend. Sie kommen mit mir zur Polizei," entschied der Vertreter der heiligen Hermandad.

„Die Sache wird sich bald klären," erwiderte Frommherz und folgte seinem grimmigen Führer. Die Geschichte fing an, ihm Spaß zu machen, war sie doch so recht heimatlich.

Herr Polizeikommissarius Gustav Grobschmiedle, zu dessen Abteilung Schutzmann Dietrich gehörte, war nicht wenig über= rascht, als die Tür seines Amtszimmers aufging und über dessen Schwelle ein höchst merkwürdig gekleideter Mann trat, hinter ihm der Polizist mit schlauem Lächeln.

„Ein richtiger Vagabund im Fastnachtsanzug," brummte Herr Grobschmiedle vor sich hin, als er den sonderbaren Fremden von der Seite mit stolzer, verächtlicher Amtsmiene gestreift hatte.

„Rapportiere gehorsamst, Herr Kommissär, daß ich diesen Mann hier, weil schriftenlos und in unpassendem Aufzug sich am frühesten Morgen auf dem Wasen herumtreibend, als ver= dächtig aufgegriffen habe."

Während der Schutzmann seinen Bericht herausschmetterte, legte Frommherz in aller Seelenruhe sein elegantes Bündel auf die Bank an der Wand. Der Kommissär und der Schutzmann hatten sein Tun scharf beobachtet. Ihre Blicke begegneten sich. „Diese kostbare Tasche muß der Kerl irgendwo gestohlen haben," drückte die Augensprache der beiden deutlich aus.

Der Eingelieferte wandte sich nun nach dem Beamten um. In seinen klaren, blauen Augen lag ein so hoher, zur Achtung zwingender Ausdruck, daß der Kommissär unwillkürlich etwas

höflicher, als es sonst seine Gepflogenheit war, das Verhör
begann.

„Ihr Name?“

„Fridolin Frommherz.“

„Geboren?“

„26. September 19..“

„Wo?“

„In Cannstatt.“

„Beruf?“

„Früher Professor an der Landesuniversität in Tübingen.“

„Ich muß Sie darauf aufmerksam machen, nur streng der
Wahrheit entsprechende Angaben zu machen.“

„Für mich ganz selbstverständlich!“

„Letzter Aufenthaltsort?“

„Lumata.“

„Lu—Lu—Lu—ma—mata?“

„Lumáta! Das a scharf gesprochen,“ korrigierte Frommherz.

„Kenn’ ich nicht. Wo liegt denn der Flecken?“

„Auf dem Mars.“

„Mars? Was ist denn das für ein Land?“

„Das ist ein Planet, ähnlich unserer Erde, nur einige
Millionen Kilometer von ihr entfernt.“

„Herr, Sie wollen mich scheint’s nur zum besten haben?“
brauste Herr Grobschmiedle auf.

„Durchaus nicht, mein Lieber.“

„Ich bin nicht Ihr Lieber. Verstehen sie mich?“ brüllte
der Kommissär.

„Gewiß! Ich habe ja noch glücklicherweise ein gutes Gehör.“

„Der Mann soll mit einem Luftschiffe gekommen sein,“
warf Schutzmann Dietrich ein.

„Sie hab' ich nicht danach gefragt," schnaubte Herr Grob-schmiedle seinen Untergebenen an.

„Es ist so, wie der Mann sagt," bestätigte Frommherz.

„Und Sie haben nur zu antworten, wenn ich Sie frage," schrie der Kommissär zornig. „Sie stehen hier vor einem Vertreter der Staatsgewalt und haben sich dementsprechend zu benehmen."

Über das Gesicht Frommherz' huschte ein spöttisches Lächeln.

„Warum lachen Sie?"

„Nur über die Art meines ersten Empfanges in der teuren Heimat nach mehr als vierzehnjähriger Abwesenheit."

„Sie haben keine Ausweispapiere bei sich?" fuhr der Beamte fort, ohne die Bemerkung Frommherz' zu beachten.

„Nein, ich sagte dies bereits dem Schutzmann."

„Das ist sehr verdächtig. Zu ihrem anstößigen Aufzug paßt überdies die Tasche nicht, die Sie da mitbrachten. Und... hm... und Ihre übrigen Angaben glaube ich Ihnen einfach nicht."

„Das verüble ich Ihnen nicht im geringsten, zumal dieser Glaube Ihre Privatsache ist," erwiderte der Gelehrte.

„So geben Sie also zu, unwahre Angaben gemacht zu haben?"

Aber der Kommissär hatte kaum diese verletzenden Worte gesprochen, als sich Frommherz in voller Größe stolz aufrichtete.

„Mein Herr!" redete er den Kommissär an. „Sie mögen meine Angaben in Zweifel ziehen, das ist, wie ich sagte, Ihre persönliche Angelegenheit. Ihre Pflicht aber ist es, diese An-gaben zunächst ruhig und sachlich auf ihre Richtigkeit zu prüfen. Das muß ich auf das entschiedenste verlangen. Es ist ein Akt selbstverständlicher Billigkeit. Bis jetzt bereitete mir die Art, wie ich hier nach meiner Rückkehr von einem fernen Weltkörper empfangen und behandelt wurde, einen gewissen Spaß. Es ist höchste Zeit, ihm nun ein Ende zu machen. Haben Sie die

Güte, sofort nach Tübingen an Herrn Professor Stiller zu depeschieren. Dieser Herr wird nicht nur umgehend die Angaben über meine Person als völlig richtig bestätigen, sondern auch jede gewünschte Bürgschaft Ihnen gegenüber leisten, damit ich aus dieser geradezu unwürdigen Behandlung tunlichst schnell befreit werden kann."

Staunend hatte der Kommissär dieser Rede gelauscht. So wie dieser Mann da hatte noch niemals vorher ein Eingelieferter mit ihm zu sprechen gewagt. Sein sonst so stark ausgeprägter Beamtendünkel hatte zum ersten Male eine kräftige Erschütte= rung erfahren. Verlegen kratzte sich Grobschmiedle hinter dem Ohre. Wenn der Kerl nun doch kein Spitzbube wäre? Der Kommissär erinnerte sich plötzlich, daß ihm schon mancher ge= wandte und wohlgekleidete Gauner aus den Fingern geschlüpft war, und daß er sich umgekehrt schon an manchem Unschuldigen vergangen hatte, nur weil er verschüchtert war und äußerlich einen weniger günstigen Eindruck gemacht hatte. Verschiedene Klagen waren hin und wieder gegen seinen Übereifer laut ge= worden und hatten ihm derbe Nasenstüber und Warnungen von seiten seiner Vorgesetzten eingetragen.

Der augenblickliche Fall war verzwickt und mahnte zur Vorsicht. So viel stand fest. Aber das Mißtrauen war nun einmal in ihm rege. Fortlassen konnte und durfte er doch nicht ohne weiteres einen Menschen, der nicht einmal das geringste glaubwürdige Ausweispapier mit sich führte.

„Ich bin zu meinem Vorgehen Ihnen gegenüber kraft des Gesetzes berechtigt," erklärte er endlich nach längerer Überlegung.

„Das mag sein. Dieses Gesetz hindert Sie aber gewiß nicht, meinem Wunsche zu entsprechen und sogleich Erkundigungen über mich einzuziehen," entgegnete Frommherz bestimmten Tones.

„Hm, hm, nein, das allerdings nicht. Wer zahlt aber die Depesche?"

„Natürlich ich!" Frommherz schloß seine Tasche auf, entnahm ihr eine alte seidene Börse, in der er noch einige Dutzend deutscher Goldstücke aufbewahrt hatte.

„So setzen Sie selbst die Depesche auf," antwortete Grobschmiedle auffallend milder gestimmt, als er die gut gefüllte Börse des Fremden erblickte, und schob ihm ein Telegrammformular mit Feder und Tinte zu.

Frommherz warf mit kräftigen Zügen folgende Depesche auf das Papier: „Professor Dr. Stiller, Universität Tübingen. Heute früh vom Mars hier gelandet, wurde ich von Cannstatts Polizei in Verwahr genommen, weil keinen befriedigenden Ausweis über meine Person in Marsitenkostüm besitzend. Befreie mich sofort aus der komisch-kritischen Lage, in die ich geraten.

Herzlichen Freundes- und Brudergruß

Fridolin Frommherz."

„Besorgen Sie die Depesche, Dietrich," befahl der Kommissär.

„Ich habe noch eine kleine Bitte!"

„Was soll's sein?" brummte der Beamte.

„Würden Sie mir nicht eine Tasse Tee oder Kaffee nebst einigen Brötchen gestatten?"

„Warum nicht," entgegnete der Kommissär, der inzwischen die Depesche gelesen und durch ihren Inhalt sich mehr und mehr aus der Rolle des Anklägers und Beschuldigers in die des unbewußt Schuldigen fallen fühlte.

Das Telegramm war aufgegeben. Frommherz hatte mit Behagen sein erstes frugales Frühstück auf Erden wieder im Amtszimmer des Polizeigewaltigen verzehrt und machte nun in seinem Tagebuche die letzten Notizen. So waren gegen zwei

Stunden ruhig verflossen, als in sausender Geschwindigkeit ein
Autoelektrik in Cannstatts Mauern einfuhr und vor dem Polizei=
kommissariat hielt.   Dem Wagen entstiegen drei Herren.   Die
Türe des Amtszimmers wurde hastig aufgerissen, und herein
stürzte als erster Piller.

„Ha, er ist's, er ist's tatsächlich!   Ich kenn' ihn an der
Narbe auf seiner Stirn.   Her an meine Brust, Fridolin, Freund
und Bruder!" schrie Piller voll freudiger Aufregung und um=
armte den von seinem Sitze Aufgestandenen.

Auch Stiller und Brummhuber begrüßten den so unerwartet
wiedergekehrten Freund auf das innigste.   In Piller aber kochte
es wie in einem Bulkane über den seinem Freunde angetanen
Schimpf.

„So, also da herein in dieses übelriechende Wachtlokal haben
sie dich geschleppt, nachdem du kaum den Boden des teuren
Schwabenlandes betreten?" wetterte er.   „O heilige Einfalt,
dreimal gebenedeite Dummheit!"

„Der Herr hatte keine Ausweispapiere," suchte sich der
Kommissär zu entschuldigen.   „Auch der ganze Aufzug war uns
verdächtig, kurz..." aber Piller ließ Herrn Grobschmiedle nicht
ausreden.

„Mensch, ihre pyramidale Dummheit hat Sie heute zu
einem weltberühmten Mann gemacht und Ihnen die Unsterblich=
keit gesichert.   Hier steht der Gelehrte, der nach vierzehnjährigem
Aufenthalte auf dem Planeten Mars wieder zur Erde zurück=
kehrte, und den zuerst zu empfangen und zu begrüßen Sie die
hohe Ehre hatten.   Und wie würdig haben Sie sich dieser Ehre
gezeigt!" brüllte Piller heraus und wand sich förmlich vor
Lachen.   „So etwas an Tollheit kann wahrlich nur bei uns vor=
kommen!   Ein Schwabenstreich, wie er im Buche steht!"

Vom Mars zur Erde. Seite 122.

„Laß gut sein," bat Frommherz den Aufgeregten. „Der Mann tat ja nur seine Pflicht. Jetzt ist ja alles wieder gut. Das einzig Richtige ist, wir lachen über die Sache."

„Fridolin hat recht. Freuen wir uns, daß er wieder bei uns ist, und verzeihen wir den Mißgriff des Beamten," riet Stiller.

Der Kommissär, der schon die Dienstentlassung vor Augen sah, atmete erleichtert auf, als er diese Worte hörte. Und als Frommherz auf ihn zutrat und ihm mit freundlichem Zuspruche die Hand zum Abschiede reichte, da schimmerte es feucht aus den Augen des Gefühlsregungen sonst wenig zugänglichen Polizei= beamten.

„Nun heraus aus der Bude und nach dem Kursaal!" drängte Piller.

„Ich habe das dringende Bedürfnis nach einem Bade," er= klärte Frommherz.

„Sollst es haben! Währenddessen bestellen wir ein ordent= liches Essen und besorgen dir hier einen modern irdischen Anzug; denn im Marsitenkostüm, an dem die Spuren deiner Reise kleben, kannst du nicht unbelästigt unter Erdenmenschen wandeln," be= merkte Piller.

„Habe es bereits erfahren," entgegnete Frommherz lächelnd.

Dann stiegen die Herren in das Auto, und hinaus ging es an Cannstatts schönsten Ort.

Mit Blitzesschnelle hatte sich inzwischen von der Vorstadt Cannstatt aus in ganz Stuttgart das Gerücht verbreitet, der siebente und letzte der Gelehrten, der einst auf dem Mars zurück= geblieben, sei heute in aller Frühe von dort wieder zurückgekehrt und auf dem Wasen aus einem Fahrzeuge gestiegen, wie es in dieser Form und Größe bisher hier noch nicht erblickt worden sei. Nach der Landung habe sich das Luftschiff schleunigst wieder entfernt. Anfänglich wollte man die Nachricht nicht glauben. Aber als es hieß, der Zurückgekehrte sei von der Polizei einige Stunden hindurch zurückgehalten worden, wurden von vielen Seiten Anfragen an das Kommissariat gerichtet, das das Gerücht als vollkommen wahr bestätigte. Auch das Erscheinen der drei berühmten Weltensegler und allgemein gekannten Tübinger Professoren auf dem Polizeiamte in Cannstatt hatte begreifliches Aufsehen erregt, das um so größer wurde, als kurz darauf mit den drei gelehrten Herren zusammen eine vierte Persönlichkeit im Kostüm eines alten Griechen mit wirrem Kopf= und Barthaar das Kommissariat verließ und gegen den Kursaal zu abfuhr. Nun war es vollkommen klar, daß diese vierte Persönlichkeit niemand anders als Professor Frommherz sein könne.

Als die vier Freunde sich soeben am einladend gedeckten Tische im Kursaal niedergelassen und ihrer Freude über die endliche Wiedervereinigung von neuem Ausdruck verliehen hatten, erschien der Oberbürgermeister von Stuttgart Dr. Graus mit dem Bürgerausschuß=Obmann Dr. Herlanger, um Professor Frommherz wenigstens von sich aus, wie er betonte, zu begrüßen und zugleich sein Bedauern über den Übereifer der Polizei auszusprechen.

„Hätten wir auch nur die leiseste Ahnung von Ihrer Rückkehr gehabt, wir würden Sie in gleich ehrender offizieller Weise bei uns willkommen geheißen haben wie seiner Zeit Ihre Freunde," sprach der Stadtgewaltige.

„Daran zweifle ich nicht," entgegnete Frommherz, „aber es entspricht mehr meinem innern Empfinden, einfach und still, ohne öffentliche Feier und Begrüßung zur Heimat zurückgekommen zu sein. Im übrigen wäre es mir schlechterdings auch nicht möglich gewesen, Ihnen vorher meine Ankunft anzuzeigen."

„Er hätte eben außerhalb Deutschlands landen müssen wie wir, dann wäre es gegangen," schmunzelte Piller vergnügt. „Nehmen Sie an unserm Tische Platz, Herr Oberbürgermeister, und feiern Sie mit uns zusammen des Freundes unverhoffte Rückkehr."

Doch der Oberbürgermeister lehnte dankend ab und empfahl sich.

„Herr Ober," rief Piller, „bitte, kommen Sie einmal hierher." Der Oberkellner gehorchte. „Lassen Sie niemand, wer es auch sei, in unser Zimmer herein. Wir wollen ungestört für uns sein."

„Ich verstehe," erwiderte der Befrackte dienstbeflissen.

„Gut gemacht!" lobte Brummhuber. „Wir könnten sonst kein Wort mehr ruhig miteinander sprechen."

„Und nachher fahren wir zu mir in mein Heim auf den Bopser. Das soll nun auch einstweilen das deine sein, Fridolin. Von Tübingen lassen wir uns für die nächsten Tage Dispens erteilen," schlug Stiller vor. Die Freunde waren damit einverstanden.

„Den ersten Gruß der Heimat brachte mir gewissermaßen der Obelisk," erzählte Frommherz. „In seiner Nähe landete unser Luftschiff, und so erfuhr ich durch seine Inschrift, daß ihr alle einst glücklich und wohlbehalten wieder zurückgekommen seid, was mich außerordentlich gefreut hat. Was machen Hämmerle, Thudium und Dubelmeier?"

„Sind leider inzwischen gestorben," antwortete Brummhuber.

„Wie sehr bedaure ich diese traurige Kunde!"

„Wir werden dir gelegentlich das Nähere darüber erzählen. In dieser Stunde des Wiedersehens wollen wir alles Traurige von uns fernhalten," bemerkte Stiller.

„Stiller hat recht! Sage mir aber zunächst, Fridolin, bist du absichtlich oder unabsichtlich auf dem Wasen niedergegangen?" fragte Piller.

„Mit vollster Absicht, schon des großen Platzes wegen, auf dem das gewaltige, für ununterbrochene Hin- und Rückfahrt eingerichtete Fahrzeug mit aller Sicherheit landen konnte."

„Das ist ein Grund, der gelten kann. Wieviel Marsiten begleiteten dich?"

„Fünf in jeder Hinsicht ausgezeichnete Männer, darunter auch Zaran, Erans Neffe."

„Einige Stunden oder Tage hätten sich deine Begleiter ohne Schaden auf der Erde und in unserm Schwabenlande aufhalten können. Daß sie uns keiner weiteren Beachtung würdigten und sofort wieder dahin den Kurs lenkten, woher sie gekommen waren, das hätte kein Sterblicher unseres Planeten fertig gebracht. Welch ein Mangel an Neugierde, vor allem aber, welch große Nichtachtung liegt auch in diesem hastigen, einer Flucht gleichkommenden Verschwinden!" urteilte Piller.

„Sie wollten mit der Erde nichts zu tun haben, nicht einmal berührt, gestreift werden durch den Hauch ihres Lebens," entschuldigte Frommherz seine Begleiter.

„Kein Kompliment für uns," lachte Brummhuber.

„Sicherlich nicht. Aber sie handelten korrekt, folgerichtig," antwortete Frommherz.

„Und taten ungefähr dasselbe, was du vorhin selbst getan hast, Piller," fügte Stiller hinzu.

„Ich? Wieso?" fragte Piller erstaunt.

„Ja, du. Du verbatst dir ja auch, nachdem der Oberbürgermeister von Stuttgart hier gewesen, jeden weitern Besuch und Verkehr von außen her und wolltest dadurch unsere geschlossene Gesellschaft vor aller Profanierung schützen. Just so machten es aber auch die Marsiten," erwiderte Stiller.

Die Herren lachten.

„Stiller ist immer noch derselbe," erklärte Piller seinem Freunde Frommherz. „Seiner Dialektik bin ich nicht gewachsen."

„Wie lange warst du unterwegs?" forschte Brummhuber.

„Genau nach Erdenmaß gemessen drei Monate."

„Nur?"

„Lange genug, trotzalledem."

„Gewiß! Und die furchtbaren Gefahren und Entbehrungen, die wir bei unserem Fluge durch den Weltenraum einst durch= gemacht, werde ich niemals vergessen, und würde ich so alt wie Methusalem," gestand Brummhuber offen.

„Wie ging es denn dir unterwegs? Eine etwas verspätete Frage, nicht?" fragte Stiller herzlichen Tones.

„Verhältnismäßig erträglich. Doch gab es auch allerlei Gefahren zu bestehen, und ich glaube, daß meine Marsiten bei aller Kühnheit, Unerschrockenheit und Geschicklichkeit, die sie be= wiesen, froh sein werden, wenn sie glücklich wieder auf ihrem wunderschönen Planeten angelangt sein werden."

„Ja, es ist ein irdisches Paradies, dieses Land des Mars. Wie oft hat uns danach schon das Heimweh, die Sehnsucht gepackt!" seufzte Piller.

„Es war aber doch besser, meine Freunde, daß ihr nicht oben geblieben seid."

„Mein lieber Fridolin, damals, als wir fortzogen, warst du völlig anderer Meinung," entgegnete Brummhuber.

„Gewiß. Ich habe sie aber seitdem geändert, nicht infolge äußerer, veränderter Lebensbedingungen auf dem Mars, nein, von Innen nach langen, schweren Kämpfen, langsam aus mir selbst heraus. Ich fand, daß Freund Stiller recht hatte, daß er eine sittliche Tat vollbrachte, als er mit euch zur Erde wieder zurückkehrte und ein Leben voll Mühe und Enttäuschung dem ruhiger und angenehmer Beschaulichkeit vorzog. Und als ich mich endlich zu dieser Erkenntnis durchgerungen hatte, da reifte in mir der Entschluß, dem gegebenen Beispiele zu folgen. So kam ich wieder und bekenne ohne Zögern, daß ich dadurch den Fehler, den ich einst durch meine Abtrennung von euch beging, wieder gut zu machen suchte."

„Ich weiß nicht, ob du recht getan hast," bemerkte Piller. „Oft war ich der Meinung, als ob du den besten Teil gewählt, wir aber töricht gehandelt hätten, deinem Beispiele nicht gefolgt und oben geblieben zu sein."

„Wir mußten fortgehen. Wie oft sagte ich das schon!" rief Stiller. „Daß Freund Fridolin sich im Laufe der Jahre meine Anschauung auf dem Mars zu eigen gemacht und sich ebenfalls zur Rückkehr entschlossen hat, ist der schönste Beweis für die Richtigkeit unserer Handlungsweise."

„Dagegen läßt sich nun so wie so nichts mehr einwenden," warf Brummhuber ein. „Jetzt sind wir wieder unten auf der Erde und werden wohl auch für immer hier unten bleiben müssen."

„Wir passen auch nicht zu den Marsiten. Das wußten unsere Gastgeber ebenfalls ganz genau. Ihr Wesen, in vielem mit dem unsern verwandt, ist, wenn ich mich so ausdrücken darf, ätherischer, feiner geprägt. Dadurch war schon eine Scheide= wand zwischen ihnen und uns gezogen. Und was konnten wir ihnen, den so Hochstehenden, bieten? Doch nur sehr wenig, lange nicht genügend, um ihre großartig geübte Gastfreundschaft auch nur einigermaßen befriedigend wieder auszugleichen," sprach Frommherz.

„Das stimmt," bestätigte Piller.

„Was von der Erde stammt, ist eben anders geartet als das dem Mars Entsprossene," fuhr Frommherz fort. „Die feinen, aber doch merkbar trennenden Unterschiede lernte ich in den langen Jahren meines Aufenthaltes nach und nach kennen. So wage ich denn zu sagen, daß wir uns oben als allein= stehende Männer, ohne Familie, ohne die Möglichkeit in dem Marsvolke selbst aufzugehen, am Ende innerlich als Fremde gefühlt haben würden, trotz der Schönheit des Daseins, der Herzlichkeit und Liebenswürdigkeit unserer Freunde."

„Was Fridolin soeben ausgesprochen, vertrat ich in ähn= licher Weise einst in Angola. Ganz besonders danke ich unserm Freunde für sein offenes Bekenntnis. Die Gefühle reinen Glückes bei der Erinnerung an jene unvergeßlich schöne Zeit auf dem Mars bleiben bestehen, solange wir noch atmen dürfen, aber das tief Schmerzliche, das nun einmal jeder großen Entsagung anhaftet, es ist durch Fridolins Worte, durch seine freiwillige Rückkehr zu uns wesentlich gemildert worden," bemerkte Stiller.

Piller schneuzte sich wieder kräftig. „Finden wir uns da= mit ab, soweit es möglich ist," entgegnete er nach kurzer Pause. „Unser irdisches Leben scheint sich nun einmal nicht harmonisch gestalten lassen zu wollen. Die wirklich schönste Melodie des Lebens, die meinen Enthusiasmus erweckt, die mich, den realen Praktiker der Wissenschaft, in holde Träume zu wiegen ver= mocht, ich hörte sie niemals hier unten, sondern wohl zum ersten und auch letzten Male oben auf dem Lichtentsprossenen."

Erstaunt blickte Fridolin Frommherz auf Piller. Eine solche Sprache hatte er früher, in alter Zeit, von dem allem Idealen so wenig geneigten Manne niemals gehört.

„Ja, ja, unser Freund Piller hat sich seit seinem Aufent=

halte auf dem Mars in dieser Richtung etwas gebessert," erklärte Stiller, der den erstaunten Blick Fridolins bemerkt und
richtig verstanden hatte.

„Es ging uns allen mehr oder weniger gleich," ergänzte
Brummhuber.

Eine tiefe Stille trat ein. Da schlugen zuerst leise, dann
immer kräftiger anschwellende Akkorde einer ausgezeichneten Musik
außen vor dem Kursaale an ihr Ohr. Sie formten sich zu einer
imposanten Melodie, der die vier Gelehrten, angenehm überrascht, lauschten. Es war die Hymne, die Kapellmeister Klingler
vor elf Jahren bei Anlaß des Einzuges der sechs zurückgekehrten
Schwabensöhne in Stuttgart komponiert hatte, und die er nun
Frommherz zu Ehren mit seiner Kapelle da draußen vortrug.

„Dahinter steckt der Oberbürgermeister! Jetzt begreife ich,
warum er unsere Einladung zum Bleiben ablehnte und so hastig
verschwand," rief Piller.

„Eine liebenswürdige Aufmerksamkeit, fürwahr, die ich
dankbar anerkenne," lobte Frommherz.

Einige weitere, ausgesucht schöne Musikvorträge folgten der
„Hymne an Schwabens kühnste Söhne". Dann zog die Kapelle wieder ab.

„Für uns ist es nun auch Zeit, an den Aufbruch zu denken,"
mahnte Stiller.

Als die Herren aus dem Gebäude traten, wurden sie durch
eine zweite Aufmerksamkeit des Oberbürgermeisters von Stuttgart überrascht. Die weißgekleidete Tochter des städtischen Ober-
hauptes in Gesellschaft einiger anderer ebenfalls festlich geputzter
Mädchen übergab mit einer kurzen Ansprache Frommherz einen
frischen Lorbeerkranz, dessen seidene Schleifen die Farben der
Residenz und des Landes trugen. Frommherz nahm den Lor-

beerkranz mit Worten herzlichen Dankes entgegen und schüttelte
jedem der blühenden, ihn mit scheuer Ehrfurcht betrachtenden
Menschenkinder warm die Hand.

Stiller war unterdessen ins Haus zurückgeeilt und hatte ein
kurzes Zwiegespräch mit dem Wirte gehalten. Nun kam er
wieder zurück und lud die Mädchen im Namen des Gefeierten
zu einer Erfrischung ein, die von ihnen mit Jubel angenommen
wurde.

„In unserm großen Auto haben die Kinder auch noch
Platz. Wir bringen sie hinauf nach Stuttgart," schlug Stiller vor.

Gern willigten die andern Freunde ein. Mit welch stolzer
Befriedigung fuhren nachher die Mädchen, die nun jede Scheu
verloren hatten, mit ihren berühmten Begleitern durch Cannstatt,
über die Karlsbrücke und durch die im Gewande des Frühlings
prangenden Anlagen nach Stuttgart! Die Freude über die
ihnen erwiesene Auszeichnung leuchtete aus den strahlenden Augen
der Kinder, als sie auf dem Schloßplatze aus dem Auto stiegen
und sich von den Gelehrten verabschiedeten. Unter den brausenden
Hochrufen einer rasch sich ansammelnden Menschenmenge fuhren
die Freunde Stillers Heim zu.

„Einfach, aber würdig war der Empfang. Er hat mir
gefallen und mich vollkommen befriedigt," erklärte Frommherz.

„Wahrhaftig, mir machte er einen besseren Eindruck als
der unsere damals, als wir auf dem Hasenberge ankamen,"
meinte Brummhuber.

„Weil er sich unvorbereitet, so ganz aus sich selbst heraus
vollzog," bemerkte Stiller.

Die Herren hatten es sich im Hause ihres Freundes bequem
gemacht und saßen in anregendem Gespräche in dem bekannten
großen Balkonzimmer.

„Wenn große Ereignisse mein seelisches Empfinden berühren,
so fühle ich stets einen merkwürdigen Durst und..." Doch
Stiller ließ seinen Freund Piller nicht ausreden. „Ich verstehe
dich auch ohne diese Einleitung," lachte er fröhlich. „Piller ist
nämlich immer noch derselbe Durstige wie früher," erklärte er
Frommherz. „Du sollst deinen Trunk haben, lieber Piller.
Wir alle wollen ein Glas auf das Wohl des teuren, uns wiedergeschenkten Freundes leeren."

Der Wein wurde gebracht. Die Gläser hatten aus-
geklungen. Der Abend senkte langsam seine Schatten auf das
Häusermeer im Tale, während die Vopserhöhe sich noch in den
Strahlen der untergehenden Sonne golden badete. Da begannen unten in der Stadt die Glocken anzuschlagen.

„Wir haben doch meines Wissens morgen keinen Festtag,
der am Abend vorher eingeläutet werden sollte?" fragte Brummhuber.

„Nicht daß ich wüßte," erwiderte Piller.

„Es gilt ohne Zweifel unserm Freunde Fridolin," bemerkte Stiller. „Die alte Heimat will ihrem wiedergekehrten
Sohne durch den ehernen Mund der Glocken lauten Willkomm bieten."

„Du magst recht haben," erklärte Brummhuber.

Eine volle halbe Stunde währte das harmonische Geläute,
dann verstummte es...

Und die Sonne, die Spenderin alles Lichtes und Lebens,
war inzwischen im Westen verglüht. Leise bewegten sich im
leichten Abendwinde die blühenden Bäume an der Talseite und
sandten ihren Duft herauf zu den Gelehrten, die da an den
offenen Fenstern des Gemaches saßen und die Lieblichkeit des
Landschaftsbildes still genossen.

„Was kommt denn da die Weinsteige herauf?" fragte Brummhuber erstaunt und machte seine Freunde auf eine Masse von Lampions aufmerksam, die sich einer feurigen Schlange gleich gegen die Bopserhöhe zu bewegten.

„Fridolin, das gilt dir," lachte Piller.

„Ich bin wirklich begierig, was dir und uns noch diesen Abend bevorsteht," äußerte sich Stiller. „Unser Oberbürgermeister scheint die kurze Zeit heute fieberhaft ausgenützt zu haben, um deine Rückkehr würdig zu ehren."

„Das kommt mir auch so vor," antwortete Frommherz. „Ich würde aber am liebsten auf jede weitere Ehrung verzichten. Ähnlich äußerte ich mich dem Oberbürgermeister gegenüber ja schon am Kursaale."

„Ergib dich in dein unvermeidliches Schicksal, Freund Fridolin! Ohne Sang und Klang darf dieser denkwürdige Tag nicht in der unwiederbringlich verlorenen Vergangenheit verschwinden," sprach Piller.

Näher dem Hause kam der Zug. Es war die Liedertafel von Stuttgart, die da durch den Garten zog und sich vor dem Hause aufstellte. Eine feierliche Stille trat ein. Dann intonierte der große Männerchor das prachtvolle Lied: „Des Vaterlandes Gruß."

Frommherz, tief bewegt durch den vollendet schönen Vortrag, war mit seinen Freunden zu den Sängern getreten und dankte ihnen mit innigen Worten. Stiller lud die Sänger zu einem kühlen Trunke ein. Piller sorgte, unterstützt durch die Dienerschaft des Hauses, für das Getränk, und bald entwickelte sich in dem Garten ein feucht-fröhliches Sängerleben. Noch ein Lied zum Abschied, dann ein Hoch auf den Zurückgekehrten, und der Männerchor bewegte sich in der gleichen Weise, wie er ge=

kommen, abwärts, der Stadt wieder zu. Am mitternächtigen Himmel aber stand in strahlender Schönheit Mars, das freiwillig aufgegebene Paradies der Söhne Schwabens.

***

Zwölftes Kapitel.

Fromme Wünsche.

Während die führenden Zeitungen am Tage nach Frommherz' Rückkehr den Gelehrten in achtungsvoll gehaltenen Leitartikeln begrüßten und feierten, saßen die Freunde in Stillers gemütlichem Balkonzimmer und lauschten dem Berichte des Weltenseglers. Aber ohne Mißton in der Begrüßung durch die Presse sollte es leider nicht abgehen.

Das seit kurzer Zeit bestehende Organ „Der Volksmund", das seine Unbedeutendheit durch maßloses Schimpfen auf alles, was ihm nicht in den Kram paßte, zu decken suchte, brachte einen Artikel, der nicht nur gegen Frommherz allein, sondern auch gegen die übrigen kühnen Marsbesucher gerichtet war. „Warum," so fragte das Organ, „ist dieser Mann zurückgekommen? Entweder hat man ihn fortgewiesen, wo er war, oder er ist selbst gegangen — was wir annehmen wollen — weil eben auf jenem Planeten die Lebensbedingungen doch nicht die sind, von denen seine Freunde einst vor Jahren so viel Aufhebens machten. Schon damals war es zu verwundern gewesen, daß die Herren ein Eldorado verlassen haben, in dem ihren eigenen Aussagen nach Milch und Honig fließen und alles vollkommen sein sollte. Ihre Behauptungen konnte man natürlich nicht widerlegen, und

so mußte man sie eben achselzuckend und zweifelnd für einstweilen annehmen.

Nun aber, da Fridolin Frommherz wieder auf die Erde
niedergestiegen, hat er seinen großsprecherischen Freunden unwillkürlich eine höchst derbe Lektion erteilt und sie durch seine
Rückkehr gewissermaßen Lügen gestraft. Kein vernünftiger
Mensch kann allen Ernstes mehr glauben, daß Mars das so-
genannte Paradies sein soll. Eva und Adam sind, biblisch gesprochen, auch nicht freiwillig aus dem Paradiese fortgegangen,
noch weniger aber ziehen Männer, die, wie die Weltreisenden,
von Jugend auf nur an Wohlleben gewöhnt sind, von einem
Orte weg, der angeblich das wirkliche Schlaraffenland vorstellt.
Da steckt anderes dahinter, das man natürlich nicht zu gestehen
wagt, um sich billige Lorbeeren um den kecken Kopf zu legen,"
schloß der Artikel.

Das Blatt war mit der Morgenpost Stiller zugesandt worden. Er würde es gar nicht weiter beachtet haben, da aber der
Artikel selbst mit dicken roten Strichen umgeben war, so erregte
dies Stillers Interesse. Er überflog den Inhalt kurz und wandte
sich dann dem zurückgekehrten Freunde zu.

„Fridolin, bitte, eine kleine Unterbrechung in deiner Erzählung. Das Machwerk, das ich hier in der Hand habe, ver-
dient allerdings keine besondere Beachtung, das wäre gewissermaßen eine Ehrung, aber es zeigt doch, auf welchem Tiefstand
der Gesinnung sich noch manche Menschen bewegen, die sich an-
maßen, legitime Vertreter der öffentlichen Meinung zu sein."

Stiller las den Artikel vor. Er regte nur Piller auf.
„Giftkröten, die man zertreten sollte," schimpfte er.

„Leichtfertige Menschen dieser Art sind mehr zu bedauern
als zu verdammen," antwortete Stiller.

„Ach was bedauern," knurrte Piller. „Ausreißen muß man
das Unkraut."

„Damit bin ich nur insofern einverstanden, als es sich um
wirklichen Auswurf des Menschengeschlechtes handelt. In vor=
liegendem Falle aber ist es tatsächlich der Mangel an Einsicht,
an wirklicher Bildung, dieser fundamentalen Grundlage der ver=
nünftigen Selbstkritik, der uns hier gegenübertritt, und das ist
es, was ich bedaure."

„Ich stimme dir bei," sprach Frommherz. „Ein Mensch,
der sich seiner Würde als solcher bewußt ist, wird niemals niedrig
denken und handeln. Die Menschen auf die Höhe des wahren
Menschentums zu heben, an dieser Arbeit kräftig mitzuwirken,
war ja einer der treibenden Gründe meiner Rückkehr."

„Eine Sisyphusarbeit," rief Piller.

„Ausdauer und fester Wille werden sie bewältigen und ihr
schließlich zum Erfolge helfen. Nicht uns wird sie gelingen,
nein, dazu bedarf es der Zeit von Jahrhunderten, aber als Ar=
beiter im Dienste des Wahren, Guten und Schönen müssen wir
schon jetzt unser Bestes zur Verwirklichung des Menschheits=
ideales beizutragen suchen. Doch nun fahr in deinem Berichte
fort, Fridolin," bat Stiller.

Frommherz schilderte seinen Freunden, wie die ihrer Abreise
folgenden Jahre auf dem Mars mit der Bearbeitung des
Wörterbuches vorübergegangen seien, wie er im Hause Bentans
in Angola gelebt und auch dort einen zarten Liebestraum ge=
träumt habe. Er verschwieg nicht den Schmerz, den die Ent=
sagung, der Verzicht auf die Erfüllung seiner sehnsüchtigen
Wünsche ihm zuerst verursacht habe, in der Arbeit aber habe
er den besten Trost und Wiederaufrichtung gefunden und später
Bentans ablehnende Haltung seinem Herzenswunsche gegenüber

als völlig berechtigt und nur seinem eigenen Wohle dienend anerkennen müssen. Dann berichtete er ausführlich von dem Riesenwerke, das die Marsiten ausgeführt.

Mit außerordentlicher Teilnahme hörten die drei Freunde von dieser gewaltigen Tat des Solidaritätsgefühles der Marsiten.

„Großartig, wirklich großartig!" rief Piller, erregt vom Stuhle aufspringend und mit hastigen Schritten das Zimmer messend. „Und denke dir, Fridolin, Stiller hat das von hier aus mit dem Fernrohre verfolgt! Noch vor wenigen Monaten, am 7. Dezember letzten Jahres, sprachen wir in diesem selben Zimmer davon, und unser Freund zeigte uns nachher das veränderte Kanalsystem auf dem Mars durch das Teleskop."

„Benötigst du nicht wieder eines Schöppleins?" foppte Brummhuber.

„Warum nicht? Doch ich werde dir brummigem Huber mit dem vortrefflichen Namen einmal beweisen, daß auch ich verzichten kann. Fridolin, fahre fort!"

Frommherz erzählte von der umformenden Wirkung, die die gemeinsame Arbeit mit den Marsiten, ihr Näherkennenlernen in den Jahren der Not in seinem Denk- und Empfindungs-vermögen nach und nach hervorgebracht, und wie dadurch von ihm endlich auch die frühere Handlungsweise des Freundes Stiller begriffen worden sei. Mit dem Begreifen sei dann der Entschluß in ihm gereift, dem gegebenen Beispiele zu folgen und in gleichem Sinne wie Stiller auf der Erde zu wirken. Nach Anans Tode sei Bentan an dessen Stelle getreten, und in der ersten Versammlung des Stammes der Weisen unter Bentans Vorsitz habe er sein Anliegen vorgebracht, das von den Mar-siten auf das günstigste aufgenommen worden sei.

„Es war in demselben Saale des Palastes in Angola, in

dem wir sieben einst zum letzten Male zusammen waren," fuhr
Frommherz fort.   „Dort befinden sich eure Bilder mit den
nähere Angaben tragenden Marmortafeln. In hohem, ehrendem
Andenken lebt ihr dort oben weiter. Und von allen Seiten,
besonders aber von dem ehrwürdigen Eran, wurden mir für euch
die innigsten Grüße und die besten Wünsche für euer Wohl=
ergehen mitgegeben. Und nun hat der Tod drei von uns weg=
gerafft, die ich nicht mehr sehen durfte.

Meine Reise war lang, aber sehr erträglich. Einige Male
kam unser Fahrzeug in die gefährliche Nähe einer Kometenbahn;
fast wären wir mit einem Meteoriten von gewaltigen Dimen=
sionen zusammengestoßen, und beim Eintritt in die Erdatmo=
sphäre drohten die Blitze des schrecklichsten Gewitters, das ich
je erlebt, unser Luftschiff zu entzünden; sonst aber verlief der
Flug durch den ungeheuren Weltenraum günstig. Ein Blick
auf Eros und ein Besuch auf dem Monde bot eine Fülle des
Interessanten, von dem ich euch einmal eingehend berichten werde.
In Sibirien, beim Baikalsee, trafen wir auf die Erde. Von
dort nahm das Luftschiff den Kurs nach Westen. Vorgestern
abend kamen wir über Stuttgart an, das ich sofort trotz der
bedeutenden Höhe, in der unser Luftschiff schwebte, an seiner
eigenartigen Lage wiedererkannte. In aller Frühe wurde ich
gestern, meinem Wunsche entsprechend, auf dem Wasen abgesetzt."

Eine lange Pause trat ein, als Frommherz seine inhalt=
reiche Erzählung beendigt hatte. Stiller berichtete nun über seine
und seiner Gefährten Rückkehr zur Erde vor elf Jahren, den
Empfang an den verschiedenen Orten der Welt und schließlich
den Einzug in Stuttgart. Dann erzählte er von dem Tode der
drei Freunde. Hämmerle sei drei Jahre nach der Rückkehr
gestorben, nachdem er lange gemütskrank gewesen. Dann sei

Thubium ganz plötzlich, unvermittelt eingegangen in das Schatten=
reich. Ihm sei Dubelmeier gefolgt, der an Arterienverkalkung
gelitten, obgleich Piller dies nicht gelten lasse, sondern behaupte,
Dubelmeier sei lediglich aus Mangel an Durst vorzeitig in die
Grube gefahren.

Seit Jahren schon hätten sie in Tübingen einen Bund ge=
gründet, der in Wort und Schrift für das wahre Menschentum
und die natürliche Moral eintrete und den Kampf gegen alles
Unwahre energisch und mit sichtbarem Erfolge aufgenommen
habe. Hier in seinem Heim sei die Stätte, wo sich die ehe=
maligen Gefährten der Planetenfahrt zeitweise immer zusammen=
fänden, um alten Erinnerungen an den Aufenthalt auf dem
prächtigen Mars in ungestörter Weise zu leben.

Jetzt sei er, Fridolin, das vierte hochwillkommene Mitglied
in diesem engsten Bruderbunde, der, einem Mutterkristalle ver=
gleichbar, aus dem Strome des ihn umfließenden Lebens noch
manchen andern edlen Kristall zur Angliederung anziehen werde.

Während Frommherz' und Stillers Berichten waren die
Stunden in raschem Fluge herumgegangen. Nach dem Mittag=
essen wollten die Freunde einen kleinen Spaziergang durch den
Bopserwald machen, als der Diener die Ankunft von zwei Herren
meldete, die Stiller in einer dringenden Angelegenheit zu sprechen
wünschten. Die abgegebenen Karten lauteten auf Julius Schnabel
und Adolf Blieder.

„So, so, die sind es, die Pfuscher am „Weltensegler" von
ehemals," bemerkte Piller spöttisch, als er einen raschen Blick
auf die Karten geworfen hatte.

„Ich kann sie nicht gut ablehnen," entgegnete Stiller. „Da
ich aber vor euch kein Geheimnis zu wahren habe, so mögen sie
mir in eurer Gegenwart sagen, was sie von mir wollen."

„Wird was Gescheites sein," brummte Piller. „Doch immerhin, laß sie eintreten."

Die beiden Herren, die im Laufe der Jahre, dank ihrem Wohlleben, körperlich sehr gewichtige Männer geworden waren, betraten das Zimmer und begrüßten Stiller freundlich.

„Die Herren Piller und Brummhuber kennt ihr. Dies hier ist Herr Frommherz, der gestern vom Mars zurückkam und auf dem Wasen landete," stellte Stiller vor.

„Seinetwegen kommen wir ja zu dir," trompetete Schnabel, sich vor Frommherz verneigend, so gut es eben seine Körper= fülle zuließ.

„Nun, so setzt euch zunächst und dann bringt euer Begehr vor," bat Stiller. Die Herren folgten der Einladung.

„Du weißt, daß wir vor Jahren schon in den Vorstand der Kommission für das Denkmal gewählt wurden, das dir und deinen berühmten Herren Begleitern auf deiner Marsreise zu Ehren gesetzt wurde."

„Nicht meinen Begleitern, sondern meinen Gefährten und Freunden und nicht auf meiner, sondern auf unserer gemeinsamen Marsreise, mein lieber Blieder," korrigierte Stiller.

„Nun ja, also.... hm, was wollte ich gleich sagen?"

„Das kann ich doch nicht wissen," antwortete Stiller lächelnd.

„Von dem Denkmal," kam Schnabel dem Verlegenen zu Hilfe.

„Ja, von dem Denkmal. Nun, das macht uns der Rück= kehr des Herrn Frommherz wegen rechte Sorgen."

„Wieso?" fragte Stiller erstaunt.

„Es entsteht die Frage einer Änderung, und letztere ist eine kostspielige Sache."

„Eine Änderung?"

„Ja," nahm jetzt Schnabel das Wort, „diese völlig un=

erwartete Rückkehr des Herrn Frommherz stellt uns vor eine schwierige Entscheidung."

„Deshalb kommt ihr zu mir, nicht wahr?"

„Ja!"

„Wo liegt denn diese Schwierigkeit?" forschte Piller.

„In der Inschrift der vierten Seite," gestand Herr Blieder.

„Ah, jetzt verstehe ich. Natürlich ein höchst schwieriger Fall," erwiderte Piller nicht ohne Hohn.

„Gewiß," antwortete Herr Schnabel, Pillers Hohn nicht bemerkend. „Es handelt sich möglicherweise um eine Abtragung des ganzen Denkmals, denn die einmal eingehauenen Worte lassen sich von dem Obelisken nicht so einfach, wie Sie vielleicht glauben mögen, wegmeißeln, ohne dem Ganzen ein verändertes und unschönes Aussehen zu geben."

„Was wissen denn Sie, was ich deshalb glaube?" entgegnete Piller grob.

„An uns, als die Vorsitzenden des Denkmalkomitees," fuhr Herr Schnabel fort, „ist seit gestern die Aufgabe herangetreten, umgehend einen Vorschlag dem Stadtrat einzureichen zwecks Änderung, und da befürchten wir recht lebhafte und unangenehme Debatten."

„Ja, aber lieber Schnabel, was berührt denn mich das?" meinte Stiller lächelnd.

„Vielleicht weißt du uns einen praktischen Rat oder Ausweg aus der Sache."

„Eine verzweifelt dumme Geschichte," spottete Piller.

„Nicht wahr?" klagte Herr Blieder in aufrichtiger Verlegenheit.

„Das will ich meinen," bestätigte Piller ernsten Tones.

Frommherz und Brummhuber mußten über die komisch

traurigen Gesichter der beiden Besucher unwillkürlich lächeln. Stiller selbst schien in Gedanken verloren.

„So laßt doch auf der fraglichen Seite des Obelisken, auf der es sich um Frommherz handelt, die weitern Worte ein= meißeln: Nach 14½ jähriger Abwesenheit am 5. Mai ... wieder vom Mars zurückgekehrt. Sollte das nicht gehen?"

„Das Ei des Columbus," rief Herr Schnabel voll Freude. „Du hast es getroffen! Wie einfach und klar lag eigentlich die Lösung, so daß es mir jetzt schon ganz unbegreiflich erscheint, nicht von selbst darauf gekommen zu sein."

„Ja, das Allereinfachste ist mitunter das, was uns am meisten Kopfzerbrechen verursacht," erwiderte Herr Stiller, seine ehemaligen Schulgenossen mit überlegenem Lächeln betrachtend. „Wir haben dies ebenfalls bei der Konstruktion des ‚Weltenseglers' vor fünf= zehn Jahren erlebt, nicht wahr?"

„Gewiß, gewiß," beeilte sich Herr Blieder zu bestätigen.

„Dafür haben aber auch die Herren Ruhm und Ehre ge= erntet, dank Columbus Stiller," rief Piller.

Herr Schnabel und Herr Blieder sahen bei diesen Worten etwas verdutzt auf Piller. Es wurde ihnen vor dem Gelehrten mit seinen scharfen Augen und dem spöttischen Lächeln um die Mundwinkel unbehaglich zumute, und so beeilten sie sich mit Worten des Dankes für den erteilten Rat zu gehen.

„Die gehören zu jener Klasse von Parasiten, die auf Kosten anderer leben," äußerte sich Brummhuber, als die beiden das Zimmer verlassen hatten.

„Du hast recht," bestätigte Piller. „Mir sind Leute, die sich immer mit den Federn anderer zu schmücken suchen, im Grunde der Seele zuwider."

„Harmlose Strohköpfe," suchte sie Stiller zu entschuldigen.

„Nur bedingt harmlos, lieber Stiller," entgegnete Piller.
„Die Dummheit part sich oft genug mit der Heimtücke, und von
letzterer sind Schnabel und Blieder nicht gänzlich frei."

„Verlassen wir das Thema!" bat Stiller. „Es lohnt sich
wirklich nicht, darüber weiter zu sprechen; denn die beiden sind
tatsächlich zu unbedeutend für uns."

Als die Gelehrten ihren geplanten Spaziergang ausführen
wollten und soeben aus dem Hause traten, fuhr ein elegantes
Autoelektrik vor. Ihm entstieg der Graf von Neckartal.

„Gut, daß ich Sie noch treffe, meine verehrten Herren,"
rief er heiter. „Ich sauste hier herauf, um unsern berühmten,
der Heimat wiedergeschenkten Professor Frommherz zu begrüßen.
Lassen Sie mich Ihnen die Hand zum Willkomm drücken. Dem
goldenen Lorbeerkranz entgehen Sie nicht," erklärte der Graf,
Frommherz umarmend und mit ihm und den übrigen Herren
ins Haus eintretend.

„Wer hätte geglaubt, daß Sie den herrlichen Mars gegen
die in Extremen sich bewegende Erde je wieder eintauschen
würden!" fuhr Herr von Neckartal fort, als sich die Herren
gesetzt hatten. „Wie eine Bombe schlug gestern die Nachricht
ein. Ich sage Ihnen, die erstaunten und verblüfften Gesichter
hätten Sie sehen sollen, als es hieß, unser letzter Marsreisender
sei wieder auf schwäbischem Boden erschienen. Einfach zum
Heulen vor Vergnügen! Frommherz, ich will gewiß kein Un=
kraut säen, aber mancher wünschte Sie im ersten Augenblicke
wieder dahin zurück, woher Sie kamen."

„Kenn' ich doch meine lieben Deutschen und kann's mir
also in etwas vorstellen," warf Piller lachend ein. „Unser
Freund kam eben gegen alle Regeln der Gesellschaft unangemeldet
zurück, ohne vorherige Erlaubnis."

„Daß Sie gerade auf dem Wasen landen mußten, würde
man schließlich noch hingenommen haben, aber das blitzschnelle
Verschwinden Ihres Luftschiffes von hier wurde zuerst als eine
grobe Beleidigung der Hauptstadt empfunden. Einige Tage
wenigstens hätte es sich mit seinen Insassen unsern guten Stutt=
gartern schon zeigen dürfen. Gerade auf die Bekanntschaft mit
den Marsiten war man allgemein gespannt, und die Enttäuschung,
diese merkwürdigen Menschen nicht gesehen zu haben, war groß.“

„Gekränkte Neugier und Eitelkeit, nichts anderes,“ bemerkte
Stiller. „Ich habe doch meinen Landsleuten schon öfters er=
klärt, daß die Bewohner des Mars gewichtige Gründe hätten,
den Verkehr mit uns abzulehnen.“

„Nun, der erste Unmut darüber ist rasch verflogen gewesen.
Viel dazu trug bei, als das Abenteuer unseres lieben Fromm=
herz mit der Polizei bekannt wurde.“

„So etwas kann vorkommen,“ entschuldigte Frommherz.

„Immerhin ein gelungener, unsterblich lächerlicher Streich.
Aber jetzt komme ich mit einer Bitte zu Ihnen, mein lieber
Frommherz,“ fuhr der Graf fort. „Halten Sie sich nicht fern
von uns, sondern schenken Sie uns die Ehre Ihres baldigen
Besuches. Wir sind außerordentlich begierig auf das, was Sie
uns sagen wollen, und möchten von Ihnen schon heute abend,
falls Sie nicht zu müde sind, einige Mitteilungen entgegennehmen.
Ich wurde gestern in unserm Vereine von allen Seiten bestürmt,
Sie darum zu bitten.“

„Ich werde Ihrem Wunsche in bescheidenem Umfange zu
entsprechen suchen,“ antwortete Frommherz. „Wann soll ich
erscheinen?“

„Um acht Uhr in der Liederhalle.“

„Gut! Ihr kommt doch mit mir, meine Freunde?“

„Selbstverständlich," knurrte Piller, ehrlich zornig über die seinem Freunde gemachte wenig rücksichtsvolle Zumutung.

„Also bis heute abend, meine Herren. Auf Wiedersehen und besten Dank für Ihr Entsprechen!" Damit verabschiedete sich der Graf von Neckartal.

„Kaum zurück, wirst du zu einem Vortrage gepreßt, mit dem es wahrlich keine Eile gehabt hätte," polterte Piller, als der Graf gegangen war.

„Er wird kurz genug ausfallen, laß mich nur machen," erwiderte Frommherz lächelnd. „Ihr habt ja durch eure Publikationen über den Mars und seine Bewohner, wie ihr mir gesagt, genügende und erschöpfende Schilderungen gegeben. Somit bleibt mir glücklicherweise nur wenig mehr zu erklären übrig."

„Es ist gut, daß du meine Größe hast, Fridolin. So kann ich dir mit entsprechender Kleidung für heute abend aushelfen. Auch mein Diener Hans, ein ehemaliger Haarkünstler, wird dir deine Marsitenmähne nach augenblicklicher Erdenmode um- und zustutzen," sprach Stiller. „Und nun laßt uns noch ein wenig den schönen Tag genießen und durch Wald und Flur streifen!"

Pünktlich um acht Uhr betraten die berühmten Gelehrten die festlich bekränzte und erleuchtete Liederhalle. Graf von Neckartal führte Herrn Frommherz in den großen Saal, der bis auf den letzten Platz von Stuttgarts bestem Publikum besetzt war. Minutenlanges Händeklatschen und Bravorufen empfing Frommherz, als er mit seinem Führer langsam und würdevoll dem Podium zuschritt, auf dessen Hintergrund seine drei Freunde Platz genommen.

Eine kurze, offizielle Begrüßungsrede des Vorsitzenden schloß mit einer scharfen Verurteilung des heutigen, im „Volksmund" erschienenen Artikels. Nun erhielt Frommherz das Wort.

„Verehrte Anwesende!" hub er mit seiner klangvollen
Stimme zu sprechen an. „Nehmen Sie zuerst meinen verbind=
lichen Dank für den Willkomm, den Sie mir geboten. Daß
mein Fortgehen vom Mars, auf dem ich während vierzehn
Jahren gelebt, Ihnen eine große Überraschung bereitet hat, ist
nach dem, was Sie von jenem Planeten durch meine Freunde
gehört haben, nur zu leicht begreiflich. Es werden Sie daher
die Gründe besonders interessieren, die mich zur Rückkehr in die
alte schwäbische Heimat veranlaßten. Ich muß dabei etwas
weiter ausholen.

Wie Sie wissen, war ich einst Professor religiöser Ethik
an der Universität in Tübingen, als ich diese Professur aufgab,
um mit meinen Gefährten und treuen Freunden die gewagte
Reise nach dem fernen Kinde des Lichtes zu unternehmen.
Meine Beschäftigung mit der Pflege des Geistes in ethisch=
religiöser Richtung hatte mir meinen Glauben an den Wert
unserer Kultur wie auch an die der führenden Nationen der
Mutter Erde in starkes Wanken gebracht. Was sah ich in
dieser Richtung überall hier unten? Eine Ablösung des Men=
schen von seiner natürlichen Basis. Als Folge davon ein künst=
liches Dasein mit Tausenden von Bedürfnissen, mit tausend=
fachen Abhängigkeitsverhältnissen und einer dadurch bedingten
untergehenden individuellen Selbständigkeit.

Eine Weichlichkeit der Seele, ein betrübendes Siechtum der
Kraft und des Selbstvertrauens bei zunehmendem Raffinement
des Lebens. Immer weniger wurde das Leben hier eigenes
Leben und bei allem Prunke äußerer Erfolge wurde es mehr
und mehr ein unglückliches, haltloses Dasein. Ob dies heute
gegen früher um vieles besser geworden ist? Ich wage zu
zweifeln.

Ein schrankenloser Egoismus beherrschte alle und alles. Dem heftigsten Kampfe um die materiellen Güter, um Macht und Erwerb und um die Sicherheit für die Zukunft folgten ebenso heftige, rasch wirkende Genüsse, die Körper und Geist der Menschen gleich verderblich schädigten. Das Ich war der Götze, dem auch die ideellen Güter geopfert wurden. Das war die Signatur unserer so sehr gepriesenen Kultur, und ich fürchte, daß sie es wahrscheinlich auch noch heute ist.

Und nun kamen wir nach dem Mars. Was wir dort sahen und erlebten, wissen Sie ja zur Genüge aus den Schilderungen meiner Freunde. Die hohe Kultur des Marsvolkes aber bannte mich in ihren wunderbar schönen Zauberkreis. Ich war unsagbar glücklich darüber, das Ideal des Daseins da oben in vollendeter Form vorgefunden zu haben. Die Erde reizte mich nicht mehr zur Rückkehr, und so ließ ich meine Freunde fortziehen und blieb allein, gegen ihren Willen, zurück.

Welch ein Gegensatz besteht zwischen dem Leben dort und hier! Das Prinzip des naturgemäßen Lebens, das ich hier unten vertrat, dort oben traf ich es verwirklicht. Und das Resultat ist daher keine kranke, sondern eine gesunde, frohe und frische Kultur, getragen von jener wahren, echten Menschlichkeit, die nur im Wohle des Nächsten das eigene Glück erblickt. Auf dem Mars ist jeder einzelne von Jugend auf gewöhnt, sich geistig und körperlich zu beschäftigen. Er findet daher keine Zeit, allzuviel an sich selbst zu denken, sein eigenes Ich in den Vordergrund zu stellen, einem Subjektivismus zu frönen, der hier unten eine so große und verderbliche Rolle spielt.

Die Pflege des Idealen, die Gattungsliebe, nur von dem Wunsche beseelt, der Gesamtheit zu dienen, lediglich beeinflußt von der Rücksicht auf das Wohl aller, schafft bei den Marsiten als natürliche Folge jenes wunderbare Gleichgewicht des Innern, das ihrer materiellen Tätigkeit, dem auch auf dem Mars bestehenden Kampfe ums Dasein jegliches Schädigende, Verletzende und Giftige vorwegnimmt. Ein gereiftes, hochstehendes Volk, gleich kräftig und gesund an Körper wie an Geist, ein Volk, bei dem die Solidarität die Haupttriebkraft seines ganzen Handelns bildet.

Welch großartiger Leistungen diese Solidarität fähig ist, habe ich oben auf dem Planeten selbst erfahren dürfen. Sie war es, die mich aufrüttelte, die mir meinen den Freunden gegenüber begangenen Fehler des eigenmächtigen, egoistischen Zurückbleibens zu klarem Bewußtsein brachte und in mir den Wunsch reifen ließ, in ehrlicher Weise meinen Fehler gut zu machen. So entschloß ich mich zur Rückkehr zur Erde, um, mit meinen Freunden wieder vereint, gemeinsam an dem schwierigen Werke der Menschenerhebung weiter zu arbeiten. Eine dankbare Aufgabe ist dies nicht, das weiß ich wohl, aber ich frage danach nicht. Ich will praktisch hier unten verwerten, was in mir oben lebendig geworden ist. Meine heutige Religion ist die des Erbarmens, der Nächstenliebe.

Langsam ist der Gang der menschlichen Entwicklung. Dornenvoll ist deren Bahn, aber trotzdem unhemmbar in ihrem Vorwärtsschreiten. Der Menschheit das strahlende Banner der Wahrheit, der Vernunft und der natürlichen Moral auf diesem Wege voranzutragen, betrachte ich als die Pflicht eines jeden, dem das Wohl seiner Brüder, die Förderung wahren Menschentums am Herzen liegt.

So bin ich also zurückgekommen und habe Ihnen offen den Beweggrund mitgeteilt, der mich in den Dienst einer Pflicht ruft, der ich fortan den Rest meines Lebens weihen will. Ich habe gesprochen." Mit leichter Neigung des Kopfes gegen die Zuhörer verließ Frommherz das Podium.

Die wenigen, aber bedeutungsvollen Worte des Redners hatten auf die Versammelten außerordentlich tief eingewirkt. Sie offenbarten die sittliche Größe des Mannes, vor der sich jeder der Anwesenden unwillkürlich achtungsvoll verneigte. Wenn auch mancher der Erschienenen einen Reisevortrag voll Abenteuer und aufregender Erlebnisse zu hören erwartet hatte, so fühlte er sich für den Ausfall durch das, was Frommherz gesprochen, nicht nur reichlich entschädigt, sondern auch geistig merkwürdig bewegt. Es waren diesen Abend Samenkörner ausgestreut worden, die da und dort auf wirklich fruchtbaren Boden fielen.

Inhalt □ □ □ □ □ □ □ □ □ □ □ Seite